新潮文庫

成功は一日で捨て去れ

柳井　正著

はじめに

日本国内のメディア各社が「ユニクロ一人勝ち」と書きたてて1年以上経《た》つ。
金融破綻《はたん》の先触れとなったリーマンショック以降、世界中の多くの小売業の業績が低迷するなか、ユニクロの業績はある程度好調を持続してきた。それは決して「一人勝ち」と呼べるような成功ではなく、まだまだまったくの未完成であり、今現在も日々悪戦苦闘している最中である。成功など程遠い、と思っている。

ただし、明るい希望と高い志を持って仕事をすれば、もがき苦しむなかでも一歩一歩現状が改善され、自らも会社も成長していくものと考えている。結局、何をするにしても王道は無く、いつでもどこでも地を這《は》うような地道な努力が必要なのである。

世の中にはさまざまな経営者がいるが、最近は「成功」というものを取り違えている人が増えた気がする。本当は大した成功でもないのに、自分が相当大きなことをやり遂げたような錯覚をしているのだ。これらは、決して「成功」と呼ぶべきものではなく、むしろ「成功という名の失敗」をしたのではないだろうか。ちょっとした成功なら、すぐに捨て去るぐらいの強い意志が必要だ。一番大事なお客様そっちのけで、小さな成功だけで満足していてはいけない。

「成功」は、そう呼ばれた瞬間から陳腐化していくものである。経営環境が絶えず変化しているので、人真《ひとま》似《ね》の考え方や方法、あるいは他人任せという安易な手法を繰り返すだけでは絶対に成功などしない。自他ともに成功事例の復習は、無意味なのだ。

そもそも世の中に成功の秘《ひ》訣《けつ》や方程式などは存在しないし、成功という目の前のまやかしにとらわれたり、過去の小さな成功にしがみつこうとしている限り本当の成功などありえない。ちょっとうまくいった程度で成功したと勘違いしてはならない。ぼくもよく自戒している。

ちょっとした成功は満足に通じ、満足はやがて安定志向につながる。あらかじめ計画する安定成長などはありえない。さらに大きな本当の成功に向かって経営者自らが手足を動かし、もがき、挑戦し続けなければ安定成長さえおぼつかないだろう。

前著『一勝九敗』を出版したのは今から6年前、２００３年11月のことである。フリースブームの影響で２００１年８月期決算までは連続して増収増益とともに驚異的な売上と利益の伸びを示したものの、ブームが去ったのちの02年8月期では上場以来初の減収減益決算を迎えた。世間一般の見方では、「ユニクロの危機」と言われた。しかし、ユニクロ最大の危機は、実はその先にあった。

ブームはいずれ去ると思っていたので慌《あわ》てることはなく、普段通りの地道な努力を積み重ねてきた結果、03年8月期には底を打ち、04年8月期は増収増益だった。しかし翌期の05年8月期は「増収減益」となってしまった。革新的なことに挑戦した結果の「減益」ではないので、最悪だ。売上が反転し安定成長志向という病にかかり、増収減益になったときこそ、会社の将来を決する最大の危機だと悟った。いったんは会長に退いたぼくは、3年で社長に復帰し、各現場をすべて見て回った。かつてのベンチャースピリッツを忘れ、大企業病にかかってしまった社内の現状を目にして、このままでは会社がつぶれると思った。

「第二創業」のテーマを掲げ社内の構造改革に乗り出し、いろんな手を打っていった。この本はその挑戦の手記といってよい。挑戦といえば聞こえはよいが、もっと泥臭い悪戦苦闘の記録といったほうが正しいだろう。

会社というのは、何も努力しなければつぶれるもの。常に「正常な危機感」をもって経営しなくてはいけない。会社を成長発展させようと考えたら、「現状満足」は愚の骨頂だ。現状を否定し、常に改革し続けなければならない。それができない会社は死を待つだけである。

08年8月期決算は売上高5864億円、営業利益874億円、経常利益856億円であった。日々の改善努力の賜物《たまもの》であるヒートテックやブラトップなど高品質な商品を数多く生み出してきた結果ではあるが、先述した通り「一人勝ち」では決してない。不況対前年比で十数%アップしただけで、売上が2倍、3倍になったわけではない。不況に負けていないというだけのことだ。それどころか内実は、相変わらず大企業病の退治、グローバル展開への挑戦、グループ企業の再生のために終始している毎日なのである。幸い09年8月期決算も、売上高6820億円、営業利益1080億円、経常利益1010億円と増収増益の予想である。

我々は、いま、2020年には世界で一番革新的で経営効率のよい企業となり、売上高5兆円、経常利益1兆円を達成すべく、日々挑戦を続けている。無謀な目標と揶《や》揄《ゆ》されるかもしれないが、あらゆる水準をあげていき、ユニクロをはじめとする我々グループが真のグローバルブランドになることができれば達成可能だと考えている。

何度も言うが、日々の一歩一歩、あるいは一進一退の悪戦苦闘の連続こそが、将来の姿につながっていく。将来を決めるのは現実・現在の自らの行動である。このような我々の苦闘の記録が、不況で苦しむ多くの企業経営者やビジネスマンの方々の参考になり、「挑戦」する心を取り戻すきっかけになれば幸いだと思う。

成功は一日で捨て去れ◇目次

はじめに　3

第1章　安定志向という病――21

玉塚新体制へ託した成長　21
3年ぶりの社長復帰　22
売上反転期に挑んだこと　26
最初から安定成長はあり得ない　28
衣料品小売業界には将来性がある　28
復帰し掲げた「対処すべき課題」　30
企業経営はダメなら変える　39
ホッとした上場後初の減収減益決算　40
減収減益でも高収益を狙う　43
単品大量生産販売の手法の限界？　44
会社は放っておくと倒産する　45
ユニクロ中国事業での失敗と成功　47
海外進出時の成長の3段階　51

おいしいトマト、エフアール・フーズの失敗　53
フリースのあとはカシミヤで　56
セオリーへの投資、グループ化の理由　58
ナショナルスタンダードへの失敗投資　61
ユニクロは、低価格をやめます。　62
R&Dセンターが開発したスキニージーンズ　66
最悪だった2005年中間決算　67
どうしても必要な靴事業　70
ヨーロッパでの成長企業を探す　71
――2004年　新年の抱負――　73
第2章「第二創業」の悪戦苦闘　81
なぜ再度、社長をやろうと思ったか　81
経営者を育てるのは難しい　82
サラリーマン社会の浸透の果てに　85
坊ちゃん嬢ちゃん礼賛と物質至上主義　87

戦争を知らない世代の危険　89
自ら仕事の範囲を限定する愚行　91
自分の仕事は命令することだけ？　92
組織の肥大化は官僚制を生む　93
成功の復習に意味はない　94
日本企業最大の弱点は経営者　97
婦人服専門店キャビンの買収　99
生産部からはじめた業務改革　100
ＭＤ部門の見直し　103
売値の決まり方と値引きの考え方　105
ＳＰＡの強みは「金の鉱脈」の発見　108
ＳＰＡと生産調整　110
再ベンチャー化の本当の意味　111
グローバル化、グループ化の意義　113
経営の管理監督と執行は分離可能か　114
必要不可欠な社外取締役　116

「外資系企業に見える」は勘違い 118
企業の社会的責任（ＣＳＲ）とは何か 121
どの会社でも不正は起こりうる 122
障がい者雇用への取り組み 123
瀬戸内オリーブ基金などのＣＳＲ活動 126
週４日のノー残業デー 127
改善途上の女性キャリア開発 130
――２００５年 新年の抱負―― 134

第３章 「成功」は捨て去れ――139

再強化・再成長のための３つのエンジン 139
素材を生かした商品開発 141
なぜヒートテックは大ヒットしたか 143
アウターへと変貌したブラトップ 145
単なる異端か、それとも脅威か 146
先入観が自らの壁を作る 147

変わりゆくＳＰＡ　149
第三世代のＳＰＡを目指す　151
理論・分析だけで売れる商品はつくれない　154
成功の方程式など存在しない　156
論理的思考と肌感覚　158
ユニクロ出店戦略の転換　160
初の大型店を心斎橋に　162
百貨店のシェアを奪い続ける洋服ＳＰＡ　163
売り場でお客様を説得する　164
チラシはお客様へのラブレター　167
プラスになった銀座への出店　169
苦労した繁華街での商売　171
売れる店の店長ほど錯覚する　172
大型店は販売効率が落ちる　173
フロアごとに責任者はいらない　175
商業施設開発事業　176

――2007年 新年の抱負―― 178

第4章 世界を相手に戦うために―― 187

ロッテと組んだ韓国への出店 187
成長が見込めるアジア市場 188
ニューヨークのグローバル旗艦店 191
先入観が商売の邪魔をする 193
低価格カジュアルブランド「ジーユー」 195
なぜ990円ジーンズだったのか 197
新しいシンボルマークに込めた意味 200
M&Aの目的と位置づけ 201
バーニーズは買えなくて幸運だった 203
ロンドン旗艦店は世界へ向けたショーケース 208
ファッション感度の高いフランスへ 210
ユニクロは「一人勝ち」ではない 212
本当の意味の女性活用とは 214

グループの企業理念「FR WAY」 216
服を変え、常識を変え、世界を変えていく
——2008年 新年の抱負—— 218 223

第5章 次世代の経営者へ 229
H&M襲来は大歓迎 229
子会社3社統合は再生の第一歩 231
ジル・サンダーさんとのコラボレーション 233
30店舗分に相当するネット通販事業 235
「ユニクロック」の世界3大広告賞受賞 237
世界最高水準の経営者育成機関をつくる 239
必要となる200人の経営幹部 241
成功という名の失敗 244
会社は誰のためにあるか? 247
自身の経営を採点すれば 248
一零細企業がここまでこられた理由 250

次世代の経営者、起業家たちに向けて　252
――２００９年　新年の抱負――　259
おわりに　268
文庫版あとがき　272
巻末資料
ＦＡＳＴ　ＲＥＴＡＩＬＩＮＧ　ＷＡＹ　290
（ＦＲグループ企業理念）
ＦＲ　ＷＡＹの解説　293
ファーストリテイリング主要年表　305

成功は一日で捨て去れ

第1章　安定志向という病

玉塚新体制へ託した成長

ユニクロの創業期から急成長期へ移るところまでは、ぼく一人の力でも何とか成長することができたが、当社が世界的な企業を目指すには、規模の拡大とともに個人の力ではなく、専門経営者チームへ移行すべきだと常々考えていた。成長期には何人も、優秀な若い方たちが入社してきてくれた。そのなかに玉塚元一《たまつかげんいち》君がいた。

彼は1998年12月に入社したが、もともと日本IBMにいてサプライチェーン・マネジメントの営業で当社を訪問したのが入社のきっかけだった。翌99年11月には取締役マーケティング部長に、2000年9月には常務取締役となった。イギリスへの店舗展開の失敗の後始末、次の再出発のための土台作りにロンドンに駐在してくれた時期もあった。

前著『一勝九敗』にも書いたが、玉塚君に社長を引き受けてくれと頼んだのは2002年5月の初旬である。当時、副社長だった澤田《さわだ》貴司《たかし》君に社長への就任を断られたあとの選択だった。澤田君は自分で会社を一から立ち上げたいということで5月末に副社長を退任し、代わりに玉塚君が6月1日から副社長に就任した。11月に開催した株主総会後の取締役会で彼に社長になってもらい、ぼくは会長になった。こうして、40歳の玉塚君を中心にした若い経営者チームの体制がスタートした。

実はぼく自身はずっと以前から、50歳を過ぎたら会長になろうと考えていた。53歳のときに玉塚君に社長を譲ったことになる。玉塚新体制に、その当時託したものは「成長」である。ようやくグローバルな店舗展開が始まり、しかもユニクロ事業も正常化しつつある。そういう状況下でぼくは、自身の経営第1期目は終わったと思った。

3年ぶりの社長復帰

会社全体の業績は、２００１年８月期の売上高４１８５億円、経常利益１０３２億円をピークにして、フリースブームの終焉《しゅうえん》とともにそれ以降減少し始め、翌02年８月期の売上高は３４４１億円、経常利益は５１１億円となり、期中に社長を交代した03年８月期には売上高３０９７億円、経常利益４１５億円となった。

２期連続で減収減益だったとはいえ、確実に利益も出ていて、純資産（自己資本）が毎年積み上がっていく。ユニクロ以外の事業にはまったく投資していないという意味で、無駄な金はまったく使っていない。財務的には非常に安定していて何の心配もいらない状態だった。慌《あわ》てることは何もない。後年の、苦戦が続き財務的には貢献できていない子会社群が親会社のスネをかじる状況よりもよほど良い財政状態であった。

玉塚社長体制で期初から挑んだ04年８月期は、売上高３３９９億円、経常利益６４１億円と、前年同期比で増収増益となる。

しかし、その翌期の05年８月期は売上高３８３９億円と増収だったものの、経常利益は５８６億円と前期比８・６％の減益となってしまった。

売上高が下げ止まってから２期連続で増収となったのは評価できるが、減益はいけない。もっと革新的なことにチャレンジしたうえでの「増収減益」ならいいと思うが、そうではなく安定成長で、「このままで、いける」と少しでも考えていたのなら不満が残る。ＭＤ（＝マーチャンダイジング、商品化計画）や生産、Ｒ＆Ｄ（＝リサーチ・アンド・ディベロップメント、商品開発）などあらゆる部門で、うまく相互連携が取れず仕事の上滑り現象が起きていた。

「増収減益」というパターンは、売上は伸びるが利益があがらないどころかダウンしてしまうという、あらゆる面の効率が悪くなっているから起こるのだ。社員全員、売上が回復基調となって気が緩んでいたのだろう。

玉塚君は同年輩の若い経営チームのメンバーを引っ張っていけそうだし、チャレンジ精神が旺盛《おうせい》だと思ってバトンタッチしたのに、彼の人柄や育ちの良さのせいか意外と安定成長志向である。突っ込んで行かなければいけないようなチャンス時に、思い切って挑戦しなかったりした。大型店であるユニクロプラスの出店戦略、広告コピーの出し方などでぼくと意見の食い違いもあった。

ぼくは創業者なので、会社はそう簡単にはつぶれないと思っていて、一種の賭《か》けのような意思決定もするが、経営を委任された玉塚君にしてみれば「会社を危険にさらしたくない」と考え、賭けを避けたとしても仕方がなかったのかもしれない。彼は彼なりに非常によくやってくれたと思うが、基本的なスタンスの違いは大きい。

世間一般の見方とは反対なのかもしれないが、若い玉塚君の方が安定派、ぼくが急進派なのだ。玉塚君がやっていることは確かに堅実でいいのだけれど、それだとグローバルに活動する企業、あるいは革新的な企業になれないのではないかと危惧《きぐ》した。ユニクロを普通の会社にしてほしくなかったのだ。

ぼくには安定成長志向は満足できない。国内の販売だけでなく、グローバルに店舗展開していこうという矢先に、もっとダイナミックにチャレンジしていかないと商売には結果的に負けてしまう。

玉塚君と何度も話し合った結果、彼に社長を引いてもらい、同時に取締役も辞任することになった。

我が社をグローバルカンパニーにするべく、取締役の堂前宣夫《どうまえのぶお》君にはアメリカの出店を任せるのと同時に、玉塚君には当時買収したばかりのヨーロッパの会社「COMPTOIR DES COTONNIERS（コントワー・デ・コトニエ）」の社長をやってもらい、何年かのちにまた日本に戻ってきてもらうという案も用意したが、受け入れてもらえなかった。05年9月にぼくは社長に復帰し、会長兼社長となった。

売上反転期に挑んだこと

２００１年８月期を頂点にして、フリースブームが去ったとはいえ、そのブームのお陰で「ユニクロ」が一般的に認められた存在になったのは事実だ。全国的にユニクロの店名が認知されると同時に、ビジネスチャンスが広がったと確信した。それを土台にして、いろんなことに挑んだ。我々の企業は多少、大きくはなったにしてもベンチャービジネスであることに変わりはない。安定企業になってはいけないのだ。

個々の詳細は追々語るとして、玉塚君に社長をやってもらっていた時期に挑戦したことを並べてみよう。

２００４年１月にはキャリアアパレルブランド「theory」を展開するリンク・インターナショナル（現・リンク・セオリー・ホールディングス）へ出資（翌２００５年6月に東証マザーズに上場）、2月にはレディスアパレル「national standard」を展開するナショナルスタンダードを子会社化（06年3月に撤退）、10月にはユニクロ初の５００坪超の大型店ユニクロプラス心斎橋筋店（大阪府大阪市）を出店、12月には商品開発力強化を目的としてニューヨークにUNIQLO Design Studio, New York,

Inc.（現・R&Dセンター）を設立した。

翌2005年3月には靴小売事業のワンゾーン（旧・靴のマルトミ）を子会社化、5月にはフランスを中心に欧州でフレンチカジュアルブランド「コントワー・デ・コトニエ」を展開しているネルソン フィナンス社の経営権を取得して子会社化、9月にはイタリアの高級ブランド「ASPESI」ブランドを日本で販売しているシールド（アスペジ・ジャパン〈社名変更〉）を子会社化、10月には日本での旗艦店となるユニクロ銀座店をオープンすると同時に、初の商業開発施設「ミーナ天神」をスタートした。

この時期、玉塚君がユニクロの店舗運営全般をしっかりと見てくれていたおかげでぼくは、商品開発だけでなく、それまでできなかったM&Aなどいろいろなことに挑戦できたのだろう。彼はよくやってくれたと思う。感謝したい。

さて、挑戦した結果はどうだろうか。グローバルにファッションビジネスを展開していくなか、業界のインサイダーとなることができたという意味でシナジー効果を得られたし、非常にプラスになったと思う。それに、ぼく自身はいろいろ経験して非常に勉強になったものの、子会社各社ともに財務的に見ると苦戦が目立ち、必ずしも収益面では親孝行しているとは言えない状況だ。

最初から安定成長はあり得ない

安定成長志向はいけない、と書いた。これは、結果的に安定成長はあり得るが、最初から安定成長を望んでいてはいけない、という意味だ。

人間の成長も同じだと思うが、結果的には経営の安定成長はあるけれど、初めに高い目標を持ってチャレンジする人しか成長できないはず。最初から安定成長を考えていては成長すらおぼつかない。危機感を持ってチャレンジしなければ「この程度でいいや……」となってしまい、一定の成果は得られない。

当社の置かれた環境からすると、今後はグローバル競争になり、間違いなくGAPやH&MやZARAと競争しなければならない。国内の衣料品専門店とかGMS（総合スーパー）が相手ではないのだ。安定成長志向では、この戦いには負ける。ぼくは売上が急減してもユニクロが有名になったこの時期に、チャレンジするべきと考えた。

衣料品小売業界には将来性がある

衣料品小売業界内の人とぼくの考え方が一番違うのは、ぼくはチャンスというのは既存のこの業界内には無い、と考えているということだ。

業界内の一般的な考え方によれば、服の需要がこれだけあるとしたら、それを業界内の人たちでいかに奪い合うか、その限られた市場を中心にして考える。洋服に敵対する商品は洋服しか思い浮ばない。それでは同じ狭い市場の中の同じ財布の奪い合いになってしまう。

ぼくはそんなことではなくて、例えば携帯電話を敵と捉《とら》えれば、それよりもっと魅力があって買いたくなるような洋服とはどんな商品なのかを考える。市場をもっと幅広く見ているので、そこのところの違いだと思う。

また、ぼくはこの業界内の人よりも、この産業の将来性に関してはかなり楽観的だ。まだまだ、お客様に買ってもらえる可能性が充分にあると思っている。だから、チャレンジしないといけない。

ようやくユニクロが全国ブランドになって、本格的な海外進出も可能となり、海外のブランドも買える財務基盤ができた。日本国内でもM&Aをやり始め、新卒で入社した30歳代中盤から後半ぐらいの幹部候補が当時徐々に育ってきていた。その人たちを買収した企業に幹部として送り込み、それらの企業の経営ができる、そういう時期だった。

復帰し掲げた「対処すべき課題」

２００５年9月、ぼくが社長に復帰したときには、こんなことを全社員に訴えると同時に、社外にも公表した。同年11月に提出した05年8月期の有価証券報告書に「対処すべき課題」として掲げたものと同じなので、それをかいつまんで書いておこう。

当社のビジョンとしては、以下の3項目を掲げている。

（1）世界中の人々に喜んで頂ける、画期的なカジュアルウェアを開発し、いつでも、どこでも、誰でも買えるようにする。

（2）革新的なグローバル企業をつくり、世界一のカジュアルウェア企業グループにする。

（3）２０１０年（平成22年）に１兆円の売上高と、１５００億円の経常利益を達成する。

そのために当社は、グループの事業構造改革を推し進めていかなければならないと認識しており、以下の施策を鋭意実施していく。

（1）再ベンチャー化

大企業体質から、高収益、高成長の革新的な企業グループへの転換

（2）グローバル化

市場、商品、オペレーション、人材、経営など、あらゆる面でのグローバル化の推進

（3）グループ化

企業の買収・合併（M＆A）を通じ、成長性のある関連事業へ進出することにより、ユニクロとの相乗効果を高め、グループ企業価値の最大化を達成

（以下、略）

また、ぼくは毎年正月1日に全社員にあてて「年頭挨拶《あいさつ》と年度の方針」をメールしている。この「対処すべき課題」に非常に関連が深いので、翌2006年1月1日付のものを次に掲げておこう。

＊　＊　＊

新年の年頭にあたり今年の抱負を申し上げたいと思います。

06年度の方針として下記の言葉を皆様に提示し、共有いたします。

世界一の実現
現場、現物、現実
世界一のユニクロ、ファーストリテイリングを実現する。

その為《ため》に現場、現物、現実から全社員のすべての仕事が始まり、すべての仕事の終結点も現場、現物、現実であるべきだということです。

なぜなら、我々のすべての仕事はお客様のためにあるからです。

お客様がお買物し、ご満足されて、この店、この商品、この販売員、この会社が世界一だと思われることが全社員の究極の目的だからです。

2005年の年頭に「第二創業　即断、即決、即実行」の年度方針を皆さんにお示ししました。昨年はまさにこの年頭の言葉を実行した1年でした。

新経営体制への移行、香港《ホンコン》事業と韓国事業の成功、米国への進出、銀座店及び東武百貨店での成功、商品マーケティング本部の稼動《かどう》、R&Dセンターの発足、フランス企業コントワー・デ・コトニエ（CDC）とプリンセス タム・タム（PTT）の買収、シューズチェーンのワンゾーンの買収、超大型店と専門小型店の業態開発等いろいろな手を打ちました。

微《かす》かですが、ユニクロとファーストリテイリングがグローバル企業になれる兆《きざ》しができてきました。

昨年初めの可能性は0％でしたが、現時点での世界一になれる可能性は3％から5％ぐらいでてきたと実感しています。

これを今後、加速度的に10％にして、その次の段階で30％、さらに40％さらに50％……というように限りなく100％に近づけていく必要があります。

会社経営においては、会社も個人も「成長しなければ死んだも同然だ。」と私は確信しています。

毎日の商売の中で現場、現物、現実を真剣に見据えて、願望を交えず、顧客や市場を誰よりも熟知し、現実に負けずに理想を持って、革新的な方法で、最速のスピードで誰よりも先に駆け抜けなければいけません。

ビジネスの世界では、速く駆け抜けないとそこには死が待っています。

会社も個人も本当に有効な施策を最速で実行し、生き抜いて、成長していくためには、各自が自問自答して最適解を見つける必要があります。

そこで、私からの皆さんへの問いです。
毎日、誰よりも真剣に自分の商売をしていますか？
あなたの仕事の受益者はあなたの仕事を高く評価していますか？
現場を誰よりも熟知していますか？
問題点や回答を現場で見つけていますか？
現物を手に取って、自分の目の前で商売していますか？
現物をあらゆる角度から見ていますか？
最悪の現実を理解しながら、最適な解を考えていますか？
世界中の誰よりも自分の職務に忠実に仕事をしていますか？
お客様の要望について誰よりも熟知していますか？
お客様の為に今日何をしましたか？
今日の我が店舗でのお買物に、すべてのお客様が満足されましたか？
現在の市場の状況と競合店の打ち手を、誰よりも本質的に理解していますか？
競合店の次の打ち手に勝てる戦略がありますか？
自分の仕事に理想を持っていますか？
理想を何よりも大事にしていますか？

あなたの仕事は、世界の誰よりも革新的ですか？

その仕事で本当に世界一になれますか？

そのスピードで目の前の先行企業を追い抜けますか？

あなたの仕事の基盤と発想の源は現場、現物、現実ですか？

あなたは誰よりも世界一になるために努力していますか？

……等々まだまだ質問があります。

さて、あなたはどう答えますか？

これらの質問に対する答えを深く考えてください。

そしてこの次は、皆さん自身が自ら質問を発して、それに答えをだしてください。


今年は皆さんご存知のように戌《いぬ》年です。

昨年末、12月26日の日本経済新聞に「真性ドッグイヤーの予感」という記事が載っていました。ドッグイヤーとは「犬は人間の7倍で成長する。良い企業はスピードがあれば犬のように通常の成長の何倍もの成長が可能だ。今はそんな世の中だ。」ということです。

また同じく年末に、セブン＆アイ・ホールディングス（イトーヨーカドーとセブンイレブンの持株会社）によるミレニアムリテイリング（西武百貨店とそごうの持株会社）との統合の記事がでていました。日本で初めてのGMSと百貨店との統合です。さらに言えばコンビニエンスストアとの統合です。

日本の流通業界にも業態を超えた本格的な再編の時代が来た、ということです。

私はソフトバンクの社外取締役も務めています。

その関係から「インターネットやブロードバンドの時代は今ようやく始まった。」との認識を持っています。この流れは、ハイテク業界ではなく我々のような既存の業界や企業にとって、より大きな変革をもたらすだろうと確信しています。

いま、日本の株式市場や不動産における海外投資家の投資が活発化してきました。さらに、日本の個人投資家も貯蓄としてではなく、初めて投資に興味を持ち行動し始めてきました。

「日本で投資の時代がようやく始まった。その主役は個人投資家と海外の投資家だ。」との実感を持っています。まさにパラダイムの転換です。このパラダイムの転換は、企業にとって絶好のチャンスです。

2010年1兆円実現のための事業構造改革で「再ベンチャー化、グローバル化、グループ化」のキーワードを皆さんに提示しました。今年はドッグイヤーにふさわしく、この3つの方針を全速で実行する所存です。

お客様にとっての世界一のユニクロとファーストリテイリングを実現する上で、その基盤は「現場、現物、現実」にあります。

机上や本部にはありません。

これを肝に銘じてください。

ぜひともこの本質を理解していただき、全社員の絶大なるご協力をお願いいたします。

＊　＊　＊

この毎年の正月1日メールは、いつのころからか恒例になった。

毎年12月に入ると、全社員に伝えるべきことをずっと考えていて、少しずつ書きため、日付が1月1日に切り替わった瞬間にメール送信している。ほかの年のメールも各章末に掲載してあるが、ほとんどの社員が見て、熟読してくれていると信じている。

やはりぼく自身の言葉で、ぼくが直接メールするので見てもらえるのだと思う。

内容的には、「対処すべき課題」と正月メールの両者ともに、ぼくが社長に復帰して一番伝えたかったことを書き並べたものである。

そして「再ベンチャー化、グローバル化、グループ化」に取り組むため、まず2005年11月にファーストリテイリングから国内ユニクロ事業を子会社として切り離し、他の子会社と並列にし、ファーストリテイリングをグループ全体の持株会社とした。持株会社化して、今後の拡大や投資の基盤を整理したということだ。同時に、経営者である役員も対外的な会社法上の取締役とは別に、執行役員制を採用した。それも、他社に例のない委任型執行役員制であった。

ただし、「再ベンチャー化、グローバル化、グループ化」に関しては次章で詳しく述べるが、現在に至っても、相変わらず社員の間で戸惑いがあることは承知している。理解して実行している人がどの程度いるのか、正直わからない。ぼくも初めて言い出したことなので やったことがなく、できるかどうか。しかし実は、「できるかどうか」というよりも「いかにやるべきか」というところに意味があると思っている。

言葉としてはなんとなくわかるが、自分自身の行動にどのような変化を起こすべき意味があるのか、社員ひとりひとりが自分として何ができるのか……理解する、あるいは理解してもらうのに何年もかかるかもしれない。積極的に経営に参加してくれれば、納得できるはずだ。全社員にそうなって欲しいと願っている。

企業経営はダメなら変える

当初、親会社はできるだけ小さな規模の純粋持株会社にしようとしたが、最近になって、事業会社であるユニクロの中枢《ちゅうすう》管理組織を、ある程度親会社で抱えるような事業持株会社に近い形に戻しつつある。それが現状だ。

それと当初、鳴り物入りで始めた委任型執行役員制は、1年間でそれぞれの執行役員がミッションとして請け負うべきことを目標設定シートに書き、それを請負契約書代わりにしたものの、全部の執行役員に徹底されずに、中途半端《はんぱ》な制度になってしまっている。執行役員の人数も相当増えた。あるべき姿からは若干遠くなってきたかもしれない。

企業経営は、何でも実際にやってみないと分からないことが多い。完全なものができるまで待っていたら、何にもできない。自分の会社や事業として、単純に「こんなことをしたい」のではなく、常に「どうあるべきか」を考えて決断しなくてはならない。多くの人が、自分に果してできるだろうか、自分には能力がないのではないか、こんなことよりも自分は別のことをしたほうがいいのではないか、などと思い悩む。それで大失敗するのだ。

世間とか世の中は自分よりももっとずっと大きな存在なので、自分の都合などは聞いてくれない。社会的に必然性がなければ失敗する。社会がその事業を要求するから成功するわけで、本当は何も思い悩む必要などないのだ。

やってみて失敗だったと気づいたら、それを素直に失敗と認め、すぐに変更していけばいい。今まで上場以来、ぼくはそれを躊躇《ちゅうちょ》することなくやってこられた。それが良かったのだと思う。野菜事業やファミクロ・スポクロの失敗と撤退はその典型だ。自社の社内のことも、社会情勢や小売業全体や競合他社の状況など、全部を総合的に、なおかつ客観的に考えてから判断するので、基本的な進むべき方向性に関しては間違っていなかった。

ホッとした上場後初の減収減益決算

話をもう一度フリースブームの前後に戻そう。フリースブームになる直前の決算、

１９９８年８月期は、売上高が８３１億円で経常利益は63億円であった。

それ以降は、99年８月期が売上高１１１０億円、経常利益１４１億円、２０００年８月期は売上高２２８９億円、経常利益６０４億円、01年８月期は売上高４１８５億円、経常利益１０３２億円と、想像を超えるような増収増益が続いたが、翌02年８月期決算はついに売上高３４４１億円、経常利益５１１億円と上場後初の「減収減益」決算となった。

多くの経営者の方々が抱く感覚とはまったく異なるのかもしれないし、不遜《ふそん》な言い方かもしれないが、減収減益決算になってぼくは逆にホッとした。それまで、誰もがコントロール不可能な爆発的なフリースブームとなっていたので、業績が実力以上に急成長してしまっていた。正確に言えば、成長というよりも膨張であり、何か異常性さえ感じていた。膨張が終わったということで、内心ホッと一安心したのだ。当時、これでようやく正常な商売ができると思った。

ブームのときは倍々ゲームで、どんどん売れる。商品の梱包《こんぽう》を解き、バックヤードから品出しをして、陳列棚に並べるそばから売れていく。何の努力もいらない。あんなに簡単に売れるのだったら商売でも何でもない。このままだと感覚が麻痺《まひ》し、いつでも簡単に売れると錯覚してしまうかもしれない。

ただ、倍々ゲームと一言で言っても、ぼくたちの会社はすべての商品を計画生産するので、1000億円のものを2000億円にする、そして2000億円の売上を4000億円にするのはものすごく難しいことだった。商品企画から工場への生産委託、流通まで全部自分たちでやらなければならない。担当者の数はほとんど増えないのに、仕事量が毎日毎晩、異常に膨張していく。でも、結果的にはなんとかやれた。2年間で4倍増まで耐えられたのだ。

ということは、いつ天井を打って減収に転じても、もうこれは完全に対応はできる。実際に売上がダウンしてきた時期には、社内的には何の心配もしていなかったし、動揺も起きなかった。生産計画を次々に減額修正していけば済むことだった。

ただし、「動揺」は社内では起きていなかったものの、社外からはそのように見られていたのが心外だった。「ブームは去り、売上は急転直下、社内に動揺が走る……」のような書き方をした雑誌記事も多かった。

急成長した会社はなぜか悪者扱いをされ、何か裏があってごまかしているのではないか、という目で見られる。急成長が止まったときは「思い知ったか、ざまを見ろ！」と言われているような気さえした。

減収減益でも高収益を狙《ねら》う

もっとも、売上のダウンを予測しながら生産計画を毎週のように減額修正し、その通り実行していくのもたいへんな作業の連続である。自動車の運転でもそうだが、急ブレーキをかけると、慣性の法則が働いて身体《からだ》全体が一瞬前に飛び出すような感じになる。ブレーキを踏んでも飛び出さないようにシートベルトの役目を誰かがやらなくてはならない。

急成長してきたときのレベルから発注量を減額修正し、工場に協力してもらいながら生産調整し、在庫が異常に膨れ上がらないようにする。日々、何らかの手を打たないと、身体全体が前に飛び出して大けがをすることになる。そうならずに、減収減益決算といえども、２００2年8月期では売上高３４４1億円で経常利益５１１億円、翌03年８月期は売上高３０９７億円で経常利益４１５億円をちゃんと稼ぎ出している。売上高経常利益率は02年8月期が14・８％、03年8月期は13・４％で、自分で言うのもヘンだが、立派なものだと思う。

たとえ減収ではあっても、しっかり利益が出て毎期連続して純資産として積み上げたおかげで、この時期にユニクロの英国と中国への進出、食品事業進出などへの挑戦が可能となった。どの時点でも、会社をつぶさずに、いかにして急成長しながら高収益を上げられるか、というのがぼくの命題なのだ。その場合、あくまでも「会社をつぶさずに」ということが前提でなければならない。しっかり安定した財務基盤に基づいていなければ、不断の挑戦は不可能だろう。

単品大量生産販売の手法の限界？

減収減益時のユニクロに対する悪者扱い報道のなかには、「単品大量生産販売の手法の限界なのではないか？」というものもあった。この主張はあきらかにおかしい。

我々は、お客様に期待される商品をいかにタイムリーに作り、いかに適正な価格で提供するかということを努めてやってきた。その結果、お客様需要の飽和点まできた段階で売上が落ち込んだだけのことで、単品大量生産販売の手法の限界である、と結論づけるのはあまりに短絡的である。商品がお客様に期待されていなければ明らかにダメだが、期待されていれば売る方にも買う方にもメリットがあり商売として成り立っているわけなので、手法の巧拙は関係ない。

この減収減益時にも我々が継続してやっていたことは、単品の完成度向上と大量生産販売を基礎としつつ、商品企画から生産・物流・販売までの仕組みの精緻《せいち》化を図り、その基盤整備に確実に取り組むことであった。先に述べた通り、そのおかげで減収減益時も利益率は高水準を保つことができた。

小売業というぼくらの商売ほど、地道で継続的な作業が必要な業種はないであろう。1000円弱の商品を自分たちで企画して作って売る。それも1点1点売っていくというたいへん地味な作業の連続である。まさに労働集約的な作業そのもの。それらをやりきってこそ、急成長と高収益という成果が現れるのだ。

会社は放っておくと倒産する

ぼくは常日頃から会社というのは、何も努力せず、何の施策も打たず、危機感を持たずに放っておいたらつぶれる、と考えている。常に危機感を持って会社経営することが正常なのである。「正常な危機感」とでも言おうか。

会社経営をしたことのない人は、危機感がなく順風満帆なことが正常だと勘違いしている。危機感を持ちながら経営しない限り、会社は継続しないし、「いつも危機」と考えて経営しないと維持や継続さえもできない。

危機感と不安とは全く違う。危機感を不安と勘違いしていたら会社経営はできない。

危機というと、どうしても不安と同一視してしまう人は、こんな具合に考えるとよいだろう。

危機、つまりリスクを裏返すとプロフィット、要するに利益に通じる。会社経営では、危機は利益と同義語なのだ。

リスクを正面から自分で100%取って、人より少しでもうまく経営する。そうすることによって、よりよく儲《もう》かるということだ。資本主義の世の中なので、ありとあらゆる会社がそれぞれ切磋琢磨《せっさたくま》し、競争している。そこでは「安定経営」とか「安心して経営する」などということはあり得ない。常に自分たちがやっていることが間違っているのではないかと問いかけながら、一切他人に甘えることなく経営していかなくてはならない。

一般的に言うと、不安とは先のことが何も見えない状態を指す。

たとえば店長に「店舗運営するときに、不安に思っていることを紙に書いてみてほしい」と言うと、「お客様が一人も来なかったらどうしよう」とか「新しい商品を並べても全く売れなかったらどうしよう」とか「アルバイトが自分の指示をちゃんと守ってくれなかったらどうしよう」など、上辺だけの現象を並べたてる。不安の原因や本質的な要因、また、もしそうであればどうすればよいかについてまったく考えていない。同じ思考回路でぐるぐる回っているだけなので、考えたとしてもなかなか結論が出ない。

客観的に見たら、それ自体は不安がるべきものではないので、その店長には「そんなのは不安でも何でもないし、たいしたことではないよ」と指摘してあげる。と同時に、自分が置かれている状況を客観的に見てどうかを冷静に判断し、次にどんな手を打つべきかを考えて実行しなさい、悩むのではなく考えて実行するべきだ、と諭す。結果がダメならまた違う手を打てばいいのだ。

我々の商売は非常に地道な努力を要する。商品を買ってくれるお客様にいかに満足していただけるかを考えながら、日々細かい努力を積み重ねて商売をしなければならない。不安に感じている暇はないのだ。

ユニクロ中国事業での失敗と成功

ユニクロ店舗の中国進出は、2002年9月30日、上海《シャンハイ》市内に2店舗同時オープンでスタートした。

で、1店舗1店舗本当に利益があがるかどうかの検討をしながら、積み重ねていく方針で、2003年11月までに合計8店舗となった。イギリスへの出店の失敗が教訓となり、同じ失敗を二度と繰り返さないように、と始めた中国進出だったが、初めのうちはぜんぜんうまくいかなかった。

2001年1月から中国出店のプロジェクトリーダーになり、同年8月に中国現地子会社の総経理となったH君は中国人で、日本の大学に留学後、1994年に我が社に初めての外国人として入社した。入社後半年で店長となり、生産管理の仕事ののち99年に上海と広州の生産管理事務所を立ち上げた。努力家で、やる気もあって仕事をする能力もある。しかし、どちらかというと「オレが、オレが」とか「なにもかも自分の手で」というような一人で突っ走るタイプだった。

彼は、中国事業は日本のユニクロ事業とは別個のものというふうに考えていた。つまり日本のユニクロを中国で広めるのではなく、中国で新しいユニクロを作ろうとした。具体的には、中国での所得階層を気にするあまり、商品価格を日本のものよりもダウンさせたのだ。日本向け商品より若干、品質が劣る素材でもやむを得ないと考えた。

しかし、我々の強みというのは日本でいま評価されているユニクロ（当時はまだまだ発展途上だったにしても……）であり、日本のユニクロそのものを、価格や仕組み、文化を含めて全部を中国に持っていくべきだった。H君はそこが理解できていなかったので、なかなかうまく売上が上がらずに苦労していたのだろう。東京本部で毎月開く役員会に月次の業績を報告しにやってくるH君は、徐々に元気を無くしていった。05年には北京《ペキン》に2店舗オープンしたものの、赤字続きで1年もたたないうちに閉店した。

一方、H君より1年遅く1995年4月に入社し、まず店舗に入り、半年で店長になったのち、大阪の生産管理事務所に配属され、99年中国の広州市で生産管理事務所を立ち上げた中国人社員がいる。潘寧《パンニン》君という。

彼は、05年3月にユニクロ・香港リミテッドの設立と同時に董事総経理（社長）に就任し、香港へのユニクロ出店を任された。同年9月末に香港第1号店をオープン、品揃《しなぞろ》えで工夫をこらし、「ジーンズとTシャツのユニクロ」を強調し、大成功を収めた。

これにはちょっとした裏話がある。

1号店の出店候補場所を日本の出店会議にかけたとき、会議参加者のほとんどから「こんなところにお店を開くのか」とか「誰もお客さん、来ないんじゃないのか……」

などと声があがった。そのくらい流行《はや》っていないショッピングセンターだった。しかし、立地はいいし、大きな面積が確保できた割に賃料は安い。ここで売れたら儲けものだ。

商品もタグも全部、日本と同じにして、値札だけ張り替えた。日本でやっている通りやろう、日本の文化を直接ぶつけるつもりでやってみよう、そんな感じである。フタを開けたら、オープン初日からものすごい数のお客様の行列。結果は、大成功であった。

潘君は同年12月にはH君のあとを継いでFR中国の社長となった。続いて、彼の指揮のもと、06年7月上海のガンフィというショッピングモールに出店、さらに上海に700坪の正大広場店を出して、2つとも大成功を収めた。

潘君は、商品の価格帯の問題をこう捉《とら》えた。

日本で販売している高品質の商品を日本と同じ価格で販売すると、関税が加わるので地元のローカルブランドより割高となってしまう。しかし、そうであったとしても品質の維持を優先すべきで、日本向け商品をそのまま持ち込もうと考えた。上海ではこの数年、短期間で中産階級の人々が増え、彼らの所得が相当な勢いで伸びていたこの人たちも幸いした。ユニクロ商品の「品質と価格のバランスの良さ」を分かってくれるその人たちをターゲットとしたことにより、売上が増大していった。

中国市場においては、ファッション性のあるベーシックカジュアルという位置づけが少しずつ定着し、ZARA、H&Mと並んでユニクロが今後中国市場では成長するといわれる位置にまできた。2008年3月には、一旦《いったん》撤退した北京に西単店をオープンすることができ、売上・利益ともに順調に推移している。

海外進出時の成長の3段階

海外に店舗展開するとき、その成長には3段階ある。

第1段階はまず、個店ベースでの黒字化。まず出店した店舗が黒字化しないことには何も始まらない。もともと海外進出するということは、投資機会を求めて行くわけで、投資資金が回収される見通しが立たなければ、事業拡大はできない。

次は、第1段階の店舗のノウハウに基づいて、自力で徐々に店舗数を増やしていく段階。そして最後は、こうやったら大量に出店できるというブレークスルーのノウハウをつかんで一気に資金を投入して広げていくのだ。それを少しでも間違えると失敗する。

イギリスへ店舗展開した時は、まず２０００年6月にロンドンに子会社を設立し、翌01年9月にロンドン市内に4店舗をオープン。その後、イギリス国内に21店舗まで拡大したものの、ほとんどの店舗が不採算の状況となったため、ロンドン市内と近郊の5店舗を残して16店舗を２００３年中に閉鎖した。

失敗までの経緯とその原因について簡単に言うと、「3年間で50店舗を作る」ことと「3年間で黒字化する」という当初のぼくの期待も甘かったが、現地で採用したイギリス人トップをはじめ現場社員に至るまで「働かない」甘い会社だったことに尽きよう。

「自分たちで全部やる」という当社の理念や文化がまったく理解されていなかったし、本部組織が大きすぎた、経費の使い方が間違っていた、お客様の要望を聞く態度にない、生産・販売・在庫のバランスがまったく取れなかった、等々、問題点を挙げればきりがない。商売の原点が見失われ、すべての面にわたって甘かったと思う。この時点までイギリス進出だけで１２０億円程度損をしている計算になる。

当時、5店舗も残さずにいっそのこと全面撤退を、という案もないわけではなかった。しかし、やはり今後ますますグローバル化していく必要があったということと、仮に全部撤退してしまったら、英国に進出した意味がない。失敗したことが今後の行動に生きないといけない。店舗網を広げ過ぎたのであれば、採算がとれるところまで縮小させればよいのだ。

イギリスにはその後2007年11月に、ロンドンのオックスフォードストリートにグローバル旗艦店（売り場面積、700坪）と新規大型店（同、400坪）の2店舗を同日オープンした。グローバル旗艦店としては、前年11月にオープンしたユニクロソーホーニューヨーク店（売り場面積、1000坪）に次ぐ2店舗目となる。やっといま黒字化の目処《めど》がたったばかり。改革途上である。

海外進出では、常に世界最高のユニクロを作ろうという高い志のもと、その国、その都市の一番良い立地に大型の旗艦店を出店し、店舗と商品の認知度を高めていく。そこで黒字化し、業績が安定したら、その国内での店舗展開を拡大しようと考えている。まだまだ当分、試行錯誤は続きそうだ。

おいしいトマト、エフアール・フーズの失敗

上場後初の減収減益決算となった2002年8月期の終わりごろから検討していた

新しい事業があった。

フリースの生産・販売に振り回されていた時期から、ブームが過ぎ、売上ダウンで若干意気消沈、そしてやっと正常化しようというときに、元気が出る革新的なプロジェクト、新鮮で安全な野菜や果物を販売するという事業に取り組んだ。そのためにエフアール・フーズという子会社を2002年9月に設立した。

邱永漢《きゆうえいかん》先生を介して知り合った永田照喜治《てるきち》さんという方がこう仰《おつしや》った。

「日本の野菜や果物は本来、世界一なのだが、いま市場で売られているものはそうではない。痩《や》せた土壌で水や肥料をできるだけ与えずに農産物が本来持っている力を引き出して育てればそれは可能になります」

彼の農業を改革したいという熱意に共感したのが始まりで、当社にも実家が八百屋という執行役員がいて、彼が「自分がやります」と手をあげた。それがいまGOVリテイリング（現・ジーユー）で副社長をしている柚木《ゆのき》治君（現・ジーユー社長）である。

子会社設立後は永田農法を実践されている日本全国の農家の方々を訪ね、最終消費者まで農産物を届けることが可能かどうかを探り、サンプル試食会、新聞発表、メールマガジンのスタートなどを経て、02年11月からインターネット通販と会員制販売を開始した。翌年5月には松屋銀座の食品売り場に第1号店を出したのち、7月から10月までに5つの直売店を出した。

社内には異論や反対があったのも事実だし、マスコミ報道も賛否両論だった。ユニクロ方式がまったく別の業種業態である農業の世界に通用するのかどうか、やってみなければ分からないし、社会的にはたいへん意義のある仕事だ。そういうぼくの論理で押し進めた。

しかし、結果は大失敗だった。ユニクロ方式を徹底しようとすると、流通経路の改革だけに留まらず、我々が農業をやらなくてはならないが、日本では規制が多すぎて農業を事業として、それも大事業化することは不可能である。仮に、その当時実際にやったとしても失敗していただろう。我々は野菜・果物づくりの専門家ではないし、農産物は工業製品のように生産計画どおりにはできない。「そんなの最初から分かっていたことだろう」との批判を甘んじて受けよう。決して農業を軽視していたわけではなく、真剣に取り組んだ結果、失敗したのである。2004年4月にこの分野から全面撤退、全部で二十数億円の経費を費やして終わった。

農業では、我々が今まで培《つちか》ってきたユニクロのノウハウや人材が活《い》きない。我々の強みは、繊維製品を自分たちで作って自分たちの手で売っているということである。

その強みが活きる世界でないとユニクロ方式の即適用というわけにはいかないようだ。革新的過ぎて失敗した、ということなのだろう。

フリースのあとはカシミヤで

フリースの次はどの素材でいこうか、考えた末にカシミヤを取り上げることにした。

2002年8月期の下半期ころから準備に入った。

カシミヤはカシミヤ山羊《やぎ》の原毛から採るが、その軽さと保温性の高さから繊維の最高峰と言われ、なかでも中国の内モンゴル産(チャイニーズカシミヤ)が最も高級とされている。

カシミヤは非常に高価なものなので、明らかな偽物《にせもの》だけでなく、他の繊維と混ぜて使われることがあり、ちょっと見た目には分からない場合がある。ウールやシルク、アンゴラなどの天然繊維や、レーヨン、ナイロンなどの化学繊維と混ぜて「100%カシミヤ」と偽って販売されるケースもある。したがって、本当に信用できるような工場にしか生産委託できない。そこで、内モンゴル自治区にある一番信用できる世界一の生産量を誇る工場と交渉を行い、そこでカシミヤセーターを作った。

それ以前から徐々に売り出してはいたものの、2003年10月に始めたカシミヤキャンペーンが注目を浴び、その時点から売上も上がっていった。百貨店で売られている数万円もするカシミヤセーターの同等品が、1万円以下の価格で買えるのだ。当社が商品として取り上げる以上は、よいカジュアルをより多くの皆さんが買える安いプライスで、ということになる。一番上質ということであれば、やはりカシミヤだ。

「普段の生活にカシミヤを！」というイメージで販売した結果、ユニクロ商品のなかでも特に高額商品だったにもかかわらず、非常に多くの方々に買っていただいた。カシミヤキャンペーンの前月の9月には、戦略素材部を新設している。「ユニクロにしかできないもの」を実現するために、世界中の素材メーカーと協働し、商品開発のベースとなる素材開発を徹底して行うことにした。カシミヤセーターのように、最高品質をありえない低価格で提供する、常識を打ち破る斬新《ざんしん》な素材開発をすることがこの部門のミッションとなった。

セオリーへの投資、グループ化の理由

Andrew Rosen氏が1997年にニューヨークで立ち上げた「theory」というブランドがある。高級ストレッチ素材を使った都会的でスタイリッシュなデザインの洋服を取り扱い、米国では30代以降の幅広い年齢層に、日本国内では20代後半から30代の女性に人気で、とくにキャリア女性に高い支持を得ている。日本では佐々木力氏が設立した会社、現リンク・セオリー・ホールディングス（以下、日本セオリー社）が、1999年5月からこのブランドの取り扱いを開始している。

日本での衣料品小売業界の市場規模が10兆円あると言われているが、当社の2002、2003年ころの売上高は3000億円とか4000億円程度。我々は全体の3%とか4%しかこの世界を知らないことになる。カジュアルウェア以外の洋服の市場を知らないといけないと思っていたところに佐々木社長と知り合った。

「theory」は非常に有力なブランドだと思うし、グローバル化の足掛かりとなるニューヨーク発祥であり、当社が出資してグループ化できたら、どんなに事業に広がりがでてくるだろう。しかし、なんと言っても最大の問題点は、米国セオリー社が「theory」ブランドを所有し、日本セオリー社はそこにロイヤリティーを支払ってい

る弱い立場であることだ。

当社の監査役である安本隆晴《たかはる》先生が日本セオリー社の監査役でもあるので、相談したら、

「これからも成長するビジネスであると思うが、最大のリスクであるライセンス供与を受けている立場をなんとかしなければ。たとえば、親子関係を逆転させるとかの方法もあるのでは……」

と仰る。そこで当社と日本セオリー社が共同で米国セオリー社を買収する案を考え、佐々木社長に提案した。佐々木社長たち日本セオリー社側も、もともと考えていたとのようで直ちに賛同してくれて、Rosen氏を説得することになる。

途中、彼だけでなくRosen氏と同じ米国セオリー社のオーナーであった人物との間でも、条件面でなかなか折り合いがつかず（のちに契約後、訴訟に発展した）、何度かやりとりを重ねた。ぼくと佐々木社長との面談の場に、安本先生にも何度か立ち会ってもらった。

結果的に2003年9月、日本セオリー社と当社は米国セオリー社を共同で買収することができ、翌04年当社はセオリーグループの親会社となった日本セオリー社に出資し、関係会社とすることができた。日本セオリー社は04年8月決算で売上高251

億円、経常利益23億円をあげ、05年6月に東証マザーズに上場している。翌05年8月期には売上高356億円、経常利益46億円を計上し、順調に業績を伸ばした。

当初「theory」ブランドはウィメンズだけだったが、メンズも加わり、「PLS+T(プラステ)」、「theory luxe（セオリーリュクス）」を初め、「HELMUT LANG（ヘルムート・ラング）」ブランドを日本、米国、欧州、アジアに展開してきた。

05年11月には、「rosner」ブランドを展開するドイツのロースナー社の全株式を所有した。この買収は、もともと欧州において事業基盤を確立しようとして行ったものだ。しかし、買収検討時の思惑とは裏腹に取得後、しばらくして業績が悪化する。原価低減や人員削減などの方策で再生しようと試みたが結果的にうまくいかず、2008年12月に株式をすべて手放した。譲渡損を17億円ほど出している。失敗だった。「theory」以外の事業に手を出してはいけない、との天からの啓示だろうか、「成功は失敗のもと」なのかもしれない。

金を安易に考えると、その金の範囲内の投資だけでは済まなくて、追い銭を払うようになってしまう。決して侮《あなど》ってはいけない。日本セオリー社と同様、我が社のM&Aも総じてうまくいっていないのは、そのせいだろうか。「人のふり見て我がふり直せ」とはよく言ったものだ。

2008年8月期の売上高は599億円、経常利益は4億円となったものの、同年9月以降、米国発の金融危機に端を発する世界的な景気悪化による個人消費の低迷に影響を受け、期中において売上高・利益ともに業績予想の下方修正を行い、経営基盤だけでなく財務面での厳しさが増していった。

そこで、当社のグローバルブランド事業の中核であるセオリー事業をさらに成長させていくために、日本セオリー社を100%子会社化し、より強固な協力体制を作るべく、2009年1月29日から3月12日までの間、公開買付けを行った。その結果、3月19日付で日本セオリー社グループは当社の連結子会社となり、同年7月に東証マザーズから上場廃止となった。

ナショナルスタンダードへの失敗投資

日本セオリー社への出資に続いて2004年2月には、レディスアパレル「national standard」を展開するナショナルスタンダード社の第三者割当増資を引き受けて、子会社化した。

経緯はこうだ。この少し前に当社に入社した田中広司専務取締役は、三菱《みつびし》商事の繊維本部長だった。そのとき知り合った若い優秀なデザイナーが会社をやっていて、そこを援助してあげれば当社にもメリットがある、と言う。それがナショナルスタンダード社であり、若林ケイジさんというデザイナーが社長だったが、経営者とデザイナーの両立は難しく、経営管理ができず資金繰りもままならない赤字企業であった。

我が社からT君を代表者として送り込み、経営改革にあたってもらった。しかし、2005年11月期は売上高8億円、経常利益は9000万円のマイナス。我々が力を入れるにしても規模が小さすぎ、これから急拡大する目途も立たないため、事業継続を断念し、06年3月にこの事業から撤退、8月に清算した。やはり人助けの側面の強い投資は、うまくいかないものだ。当社のウィメンズを強化していこうと努力していくときの一助になればと考えて投資したが、完全に失敗であった。

ユニクロは、低価格をやめます。

2004年9月27日に新聞の全国紙で「ユニクロは、低価格をやめます。」と宣言した。非常に評判になったので、そのキャッチコピーのあとに続く文面の一部をご紹介しよう。少し長いが、言いたいことが全部凝縮されているので読んでほしい。

「ユニクロはこれまでずっと、より上質なカジュアルを市場最低価格で提供しようと努力してきました。それはこれからも変わることのない、私たちの基本的な姿勢です。しかしその低価格であることが、一部のお客様の『ユニクロは安物』という誤解につながっているのかもしれません。そこで私たちはこれから、もっともっと品質を上げ、誰もが価値を感じられる服をつくっていこうと思うのです。私たちは、安さだけが特長になるような商品は決してつくりません。ユニクロでは機能や着ごこち、風合いなどについて徹底的に検討し、世界中を探して最高級の素材を使用し、優秀な技術を持つスタッフによって上質なカジュアルづくりに取り組んできました。

世界で最も質が高いと言われる内モンゴル産のカシミヤ、NASAのために開発された温度調節素材のアウトラストを使用したフリース、極上の風合いのためにイタリアで紡績したメリノウール、世界的な評価を得ている備後《びんご》地方の生地を使ったデニム（略）これらは、私たちが世界に誇れる商品だと自負しています。（略）これまでユニクロは、製品の企画開発、生産管理、流通から販売まで、すべてを私たち自身の責任で行ない、さまざまなコストを抑えることで販売価格を下げてきました。このシステムは、もちろん私たちの大切な財産です。ですから「低価格をやめる」といっても、価格を下げる努力をやめるわけではありません。まず何よりも質があり、そして価格がある。私たちは、あらゆる人が着ることができるカジュアルを、あらゆる人にご満足いただける〝好〟価格で提供していきます。」

今後のユニクロの決意を表明するものだったのに、ほとんどの社内の人間はこれを公表するのに反対だった。ぼくとコピーライターだけが賛成した、という笑えない話である。

反対の理由は、いくつかあった。「これからの商品はみんな高い価格で売るのでは、と誤解される」「いままで低価格が取り柄だったのに、それをあえて捨てることはないのではないか」「そういうことを宣言するというのは、こちらの都合ばかり言うので傲慢《ごうまん》ではないか」というものだ。心配するのも理解できるが、これらの批判は伝えたいこととの本質とずれている。

ユニクロ商品が売れたとしても、たまたま「低価格だから売れた」というのであれば将来性は全くない。世界最上質の内モンゴル産カシミヤを使用したカシミヤセーター、同じく世界最上質のポーランドダウン使用のダウンジャケット、イタリア産のメリノウール、世界の総生産量の3％しかとれない超長綿のTシャツなど、質が高くて良い商品を売っているのに、お客様は「低価格だから買う」と誤解したままでいる。そうとしか捉《とら》えていただけない。それはないだろう、と思った。

この状態は非常に危険である。そこで、「良い商品なので買ってください！」ということを示した。それも、価格の割に良い商品というのではなく、「絶対的に良い商品を売ります」と宣言したのだ。このくらい明確でシンプルな言葉でないと真意は伝わらない。多少の誤解は覚悟のうえである。

というのも、我々はグローバル化しようとしているので、プライスだけの勝負だと最終的には海外のディスカウントストアと戦うことになる。会社だとウォルマートとかターゲット、商品だと、500円のTシャツとかそれ以下の価格の商品と勝負しないといけなくなる。これでは、すぐに限界が見えてくる。

ただ安ければよいということになり、品質の良くない商品をいくら売っても、いくら売れても楽しくはない。「安いですね」と言われるだけであれば、商品を自分たちで作る必要もない。良い商品を作って売って、それをお客様が喜んで買ってくれるから楽しいのだ。

R&Dセンターが開発したスキニージーンズ

２００４年12月には、商品開発をするためにニューヨークに現在のR&Dセンターを設立した。世界中の最優秀のデザイナーやパタンナーなどの人材を起用することにより、質・量ともに世界最高の水準を目指す。そして、店舗立地、売り場面積、世界各国のお客様に合わせたユニクロの新たな商品を開発していく。ユニクロをグローバルブランドとして展開していくためにはどうしても必要なことだ。また、大型店への転換、つまりマスで売れる、より魅力的な商品アイテム数を増やすことと方向性を一にしている。

このあちニューヨークのR&Dセンターを中心に東京、パリ、ミラノにセンターを設置・拡充し、「グローバル商品開発体制」が本格稼働《かどう》し始めたのは２００５年秋ごろからだ。日本国内のユニクロ店舗からはもとより、海外の店舗、グループ各社、取引先から世界的なトレンド、お客様のニーズ、ライフスタイル、素材などの最新の情報を集め、それらをもとにクリエイティブディレクター、各商品事業部、マーケティング部の皆を交えた会議で、シーズンのコンセプトを決める。これに沿って各拠点でデザインし、各国のマーケットに合わせて商品を編集していくのだ。

ここで開発された商品が店舗に投入され始めたのは2006年秋からである。その代表はスキニージーンズであり、これが非常によく売れた。スキニーとは、足のラインにフィットするスタイルを意味する。このコンセプトはR&Dセンターで、競合他社に先駆けて生み出されたものだ。

ついでに言うと、スキニージーンズで成功はしたのだが、その次に出したワイドジーンズでは失敗した。スキニーの次はワイドが来るのではないかとアメリカのファッショントレンドを見ていて期待したのだが、まったくこのトレンドは来なかった。残念だ。

最悪だった2005年中間決算

2004年秋冬物から、品質素材にこだわった多くの商品を投入した。

まずは、NASAのために開発された調温（温度を調節する）素材である「アウトラスト」を使用したフリースを発売した。新型フリースということで期待したが、あまり売れなかった。

アウトラストは表面の温度が一定値を上回ると冷却し、一定値を下回ると保温するという素材で、アメリカの企業が技術開発した成分を繊維に入れると調温するという代物《しろもの》である。

当初、我が社の担当者がその情報を仕入れ、アメリカの開発した企業まで出向き話をまとめてきた。ぼく自身は完成した商品を着ても、その体温調節機能があまり実感できなかったが、科学的な実験では実証済みでデータも入手しているということなので、ノーとは言えなかった。満員電車に乗って実際に体温調節機能が働くかどうか社員数人で試したが、機能があるという人とないという人が半々だった。

お客様は当然シビアで、能書きだけすごくても実際の効能がその通りでなければ買っていかない。風合いが固かったのも売れなかった原因の一つだと思う。

そのころ売り出したもので、いまだによく売れているのはプレミアムダウンジャケットだ。世界最上質のダウンを使っている。

それから、ヒートテックプラスのインナー。これは2007年秋冬以降に大ヒットすることになるヒートテックの原型のような商品である。04年もすでに売れていたが、その後毎年毎年改良に改良を加えていった。先述のアウトラストとは違い、能書きと実際の効能が合っていて、温かさも実感できたのだ。

前述した内モンゴル産のカシミヤのセーターも当時、期待の商品だった。前期の2

倍の量を投入したのだが、9月の残暑、11月から12月までの暖冬が災いして計画したほどは売れず、値引きして販売した。

ＳＰＡ（アパレル製造小売業）である我が社は、製造委託会社から商品を１００％引き取るので、在庫がゼロになるまで商品を売り切らなくてはならない。それは宿命であり、逃れられない。商品が最初の販売価格で売り切れれば粗利は高くなるが、値引き販売すると粗利はその分だけ低くなってしまう。値引きは、限定値引きや売価変更で行うが、その時期を間違えると利益に大きな影響が出ることになる。

我が社は毎年2月末が中間決算だ。２００５年の中間決算では売上高は前期比10・4％増加したが、売上高総利益率（粗利率）は2・9％ダウンし、経常利益率も3・5％減少した。増収減益決算であり、回復の兆《きざ》しがあったにもかかわらず、油断したのが災いした「最悪」の決算だった。

業績をすぐに景気や気候のせいにしたくなることもあるが、なんとかして向上させなくてはならない。商品そのものの投入時期、値引きのタイミングなどの対応がうまければ業績は上げられるし、そうでなければダメということ。どの業界でも同じことが言えるのではないか。

いろんな現象が起きるのをしっかりと見て、毎週毎週の打ち手、毎日毎日の打ち手を確実に打つ。そうすれば業績は回復するものなのだ。逆に、的確な打ち手を打たなければ、業績はますます悪くなっていく。売れなければ売れるように販促活動をしたり、処分（値引き販売）する。生産計画もただちに修正する。小売業は在庫との戦い、あるいは計画との戦いなのだ。

どうしても必要な靴事業

2005年3月に靴小売チェーンを展開しているワンゾーンを100%子会社化した。「FOOT PARK」「SASAN」等の名称で全国に330店舗（05年2月）を展開する国内業界4位（06年度の予想売上高250億円）のチェーンである。

2000年12月20日に761億円の負債を抱えて民事再生法を申請した靴のマルトミが、ワンゾーンの母体である。子会社化した時は再生途上だった。

靴は洋服と一番関連のある事業であり、服装の一部だ。ぼくは「服装を完成させる」という意味ではどうしてもやらなければいけない事業だと考えている。

ワンゾーンを子会社化したあと、損益構造改革に取り組んだが、なかなか赤字から抜け出せないまま、2006年10月に出資したのち08年3月に子会社化した婦人靴専門店のビューカンパニーと、06年3月に設立した低価格カジュアルブランド店を展開するジーユーの3社を08年9月に経営統合し、GOVリテイリングを設立した。09年8月期を第二の創業期と捉え、改革に取り組んでいる最中だ。

ヨーロッパでの成長企業を探す

「theory」は、資本参加した当初、米国と日本中心に非常にうまく成長していた。我々がグローバル化を目指すときに、もうひとつの極であるヨーロッパで成長している企業が手に入れば、好都合だ。たとえば、その企業が300億円程度のブランドだったとして、米国と日本でそれぞれ300億円ずつのブランドを持っていれば、3つで1000億円程度の売上高となる。

「theory」のように成長しそうなブランドが、ヨーロッパにないか探した。たまたまその時に、フランスに「COMPTOIR DES COTONNIERS（コントワー・デ・コトニエ）」というすばらしいカジュアルブランドがあって、急成長している。それも非常に高収益だという。

社内のM&A担当部署が詳細調査し、取締役会で議論したうえで買収することとなった。このときは、社内であまり反対論はなかった。２００５年５月のことである。

店舗数はフランスを中心に２０５店舗（05年10月末）あり、路面店やギャラリーラファイエットやプランタンなどの高級百貨店で展開し、フランスを初め、スペイン、ベルギー、ドイツに出店している。毎シーズンごとに、フランス全土の1万人もの候補者の中から選ばれた、実際のお客様による「母と娘」をモデルとしたファッションショーは話題をよんでいる。

同年9月には、「COMPTOIR DES COTONNIERS」の今後の日本での事業展開の布石としてコントワー・デ・コトニエ　ジャパン社を設立した。

同社は「母娘《おやこ》が一緒の服を着る」というブランドテーマを実現するため２００６年から年2回、日本国内で母娘のモデルを一般募集している。２００９年５月９日と10日の2日間、母の日にちなんだモデルオーディションを開いたところ、１４７４組の母娘が集まってくれた。ユニクロとは対照的に、静かな草の根販促とでもいうべきマーケティング活動が徐々に実ってきたようだ。

2004年　新年の抱負　柳井　正

皆様の努力のお陰でユニクロの売上もようやく回復基調を示してきました。

また英国事業、中国事業も黒字への転換や手がかりがつかめてきました。

エフアール・フーズは毎日悪戦苦闘の中、本当に頑張っています。

昨年資本参加したセオリーは、日米とも絶好調です。


今年はユニクロ1号店から満20年です。

私も今年55歳になります。今まで55年間生きてきたとは自分でも信じられません。

過去を振り返るのは得意ではありませんが、過去30年間、年商1億円から年商3000億円まで振り返った時に、あるいは、ユニクロが裏通りのカジュアルショップから現在のユニクロになるまで、自分自身や我が社が本当に良く変ったなぁーと思います。

そこで今年の抱負ですが、「自己革新」にしました。

我が社の経営理念の第二十条に「自分が自分に対して最大の批判者になり、自分の行動と姿勢を改革する自己革新力のある経営」とあります。

我々はユニクロブームで一時的に大成功して、今度はその反動で苦しみました。

2年間の大成功と3年間の停滞と大いなる苦悩でした。

今ようやくかすかな明かりが見えてきて、この苦悩から脱しつつあります。

事業が世の中で成功する秘《ひ》訣《けつ》は、社会の大きな流れをみて、その環境にあわせて自分自身を変えられるかどうかです。

変えられた企業のみが生き残ります。企業は経営する人の意志で変えられます。

世の中の変化と市場は暴力的です。

そこでは自分の都合や自社の都合は一切許されません。

企業はその暴力的な市場の影響を受け、安定と一番遠いところにあります。

ご存知のように売上3000億円の壁をブレークスルーすることが今、一番の課題です。

2010年までに1兆円の売上をあげるのが我が社の大目標です。
私はその道筋はかなり見えてきたと実感しています。

2010年の決算までの計画と戦略は以下のように考えています。

2004年8月期　の売上高　3300億円
2005年8月期　の売上高　4500億円
2006年8月期　の売上高　5000億円
2007年8月期　の売上高　6000億円
2008年8月期　の売上高　7000億円
2009年8月期　の売上高　8000億円
2010年8月期　の売上高　1兆円

グローバルに、関連業種での多角化をしていきます。
昨年のセオリーへの資本参加と同様に、今年は本格的に世界中の関連業種に資本参加していきます。いよいよその機が熟したと考えています。またユニクロの海外展開も資本提携、合弁事業も含めて本格化させていきます。

産業構造や社会構造の変化をダイナミックに利用していきます。

今ようやく日本企業にとってのグローバル時代が始まったと考えています。

現在ほどやる気のある企業にとって良い時代はないと考えています。

自由貿易圏の議論が活発化し、米国や欧州での繊維に対する輸入割当も２００５年から順次撤廃されていきます。また日本の老齢化も急速に進みカジュアル業界のリーダー役も若者から大人に変っていきます。その中でユニクロは絶対的競争力を持った商品で、お客様から「これはすごい、さすがにユニクロだ！」と評価される企業に変身していきます。

マーケットインとプロダクトアウト両方の強化をしていきます。

現在の日本の市場は、需要よりも供給のほうが圧倒的に多い供給過剰の市場です。

マーケットに入り、マーケットのニーズはどこにあるのかを、いかにはやく、的確につかむかが重要になります。そのニーズはほとんどの場合、潜在化しています。

市場で自信をもって競争力のある絶対的な商品をプロダクトアウトし、その潜在需要を顕在化させた企業だけが生き残ります。その結果として圧倒的なシェアを獲得します。

我々ユニクロはもっと研鑽《けんさん》し、勇気を持ってお客様に本当に喜ばれる商品をつくっていかないと生き残れません。

絶対的な競争力を持っている商品を大量に開発できるかどうかに、我々の将来はかかっています。

海外市場での競争力の源泉もここにあります。

まさに真の付加価値を市場で提供し、認知されたものだけが生き残る、そんな世界なのです。

ユニクロブランドは日本で圧倒的な認知度を誇っています。

しかし、残念ながら好感度は認知度ほどではありません。競争が激しくなると、ブランド好感度の大幅なアップが必要です。

今年は我々の企業姿勢を世の中に再度理解していただき、ユニクロへの本質的な好感度を獲得していきます。

創業者の時代から専門経営者によるチーム経営の時代になり、コーポレートガバナンスがより重要になります。あらゆるステークホルダー（利害関係者）から信頼されるフェアで透明性の高い経営をしていきます。

社会的な責任を自覚し、高い倫理感を持った、よりよき企業に社員全員でしていきます。


社員FC制度も本格化し、店長を一人残らず独立自尊の商売人にします。

店舗の社員全員が知的労働者になり、高い効率をあげ、高い報酬を取り、毎日、商売人として研鑽し、お客様へのサービスがどの店よりも良くなるようにしていきます。

サポートセンターも優秀な専門経営者とサービス精神あふれるプロフェッショナルの集団にしていきます。

我々、ファーストリテイリングは日本一のサービス企業になり、国の境と業態の境を突き破っていきます。

そして、最終的に世界一のカジュアル企業をつくります。

2010年までの成長を支える人材の育成と商品開発が急務になります。

11月からB社のA様、M様の協力を得て、役員全員の意識改革と自己革新を始めました。さらに役員を中心に人材育成委員会をつくり経営幹部の早期発掘と育成に取り組み始めました。

またH塾を中心として指導者や心を育てる取り組みも始まったばかりです。

今年のはやい時期に外部の力を借りながら人事制度の大幅な見直しを図っていきます。社員全員が個人の明確な目標を持ち、人、会社、仕事に対するロイヤリティーの高い企業にしていきます。

私は我が社の若い経営管理職に概《おおむ》ね満足をしています。非常に優秀で一生懸命仕事をし、方向性も大変正しいと思います。人間性も大変すぐれていると思います。

ただ唯一危惧《ゆいいつきぐ》を持っているのは、人間として、特に、上司として物足りないところです。

上司としての自覚、部下育成への責任感、人間の心に対する感受性、相手への気遣いが圧倒的に足りません。

本当に、「この上司と一緒に仕事をすると楽しくなる。」「この上司と仕事をすると自分が成長する。」と部下が考える、そんな上司に、ぜひ全員なっていただきたいと思います。

「人と人が気持ち良く仕事をし合おう。」と思う、この感覚が本当に大事です。この人と一緒に働きたいのか、この人の部下でいたいのか、お互いの信頼感が非常に大切です。

特に優秀な人は本当に謙虚になり、若くして責任のある仕事を任せてもらえることにもっと感謝すべきです。若いのは強みであると同時に弱みだと徹底認識してください。

それは考え方を変えただけでは意味がなく、行動と姿勢をも変えてください。特に役員、執行役員、部長、リーダーの皆さんにくれぐれもお願いいたします。今年も皆で頑張っていきましょう。

第2章 「第二創業」の悪戦苦闘

なぜ再度、社長をやろうと思ったか

2005年9月に社長に復帰したとき、いろいろなメディアが興味を持って取材に訪れた。そのインタビューでぼくは、「今回の社長への復帰は、緊急避難的措置だ」と述べた。

社長業はもう20年近くもやってきたのでそのたいへんさ、苦しさはよく分かっている。また再び社長をやるにしても、ずっとはできないな、と思ったので、そのように言っただけである。

そもそも、なぜぼくがもう一度社長をやろうかと思ったか。それは、経営幹部クラスの人たちが自分の経営水準に満足している様子が見えて、これではもう我が社は成長しないのではないか、と危惧《きぐ》したからだ。

会社を成長させようと思ったら、「現状満足」では絶対にダメで、現状を否定しつつ変えていかなければならない。そうするには経営者や幹部自身がまず自分を変えようとしなければならないし、それができなければ会社は変わらない。

ぼく自身も社長に復帰する際、ユニクロをグローバルカンパニーにするために経営の勉強を一からやり直そうと思った。ぼくの当初案ではぼくが日本で、堂前君が米国で、玉塚君がヨーロッパで、それぞれ社長をやってグローバルカンパニーになれるように考えたが、結果的には玉塚君が退職したのでそうはならなかった。

経営者を育てるのは難しい

澤田君、玉塚君と退職が続き、若い人たちを経営者として一から育成するのは相当に難しいな、と感じた。

ある一定のレベルまではいくのだが、なかなか経営者として自立できないし、客観的な目を通しての正しい判断や、会社の将来像としての大きな具体的な絵が描けない。経営幹部としてある程度の職位を与えられると、変えることよりも安定化を望んでしまうことがあるのだ。

育てられないなら、経営者としてある程度できあがった人を連れてくるべきかな、と考えるようになった。実のところ、ぼくには育てる能力がないのかもしれないが、育てあげるだけの時間が惜しいのも事実だ。

前章でも述べたが、２００５年11月に、ユニクロ事業の再強化および新規事業の拡大を目的として、持株会社であるファーストリテイリング（以下、ＦＲ）と事業会社であるユニクロを分け、ＦＲの下にユニクロ事業の子会社（日本国内および海外）とワンゾーン、コントワー・デ・コトニエ等の衣料品関連事業の子会社をぶらさげる形にした。

同時に、委任型執行役員制度を作り、ＦＲの経営者と事業会社それぞれの経営者を決めていった。もちろん内部昇格もあるが、外部からそれぞれの専門分野の「できあがった人」を何人も採用した。中途採用した執行役員は、この当時から3年半で10人を超えた。残念なことだが、今はほとんどの人たちが退社している。一人一人退社した理由は違うので一概に言えないが、もともと機能的・有機的に共働してきた現場社員から中堅幹部までは一枚岩だったが、その上の位置に、それぞれの経営者として迎えられた執行役員がフィットしなかったということなのだろう。

初めのうちは委任型執行役員制度をうまく動かそうとして、ぼくが直接現場に指示することなく、ぼくと執行役員の間で、それぞれの執行役員ごとに年間で何をどこまでやるか、請負範囲と項目・数値を書いた目標管理シートを作り、それを契約書として締結すべく話し合った。一人ひとりの専門性を活《い》かし、責任感や業務執行のスピードが増すなどの利点を活かそうとしたのだが、それがうまくいかない。時間が経《た》つうちに、何か各部門とも成長どころか、後退している気すらし始めた。心配だ。

そこで、社長としてもう一度、全部の現場を１つずつ見て回ろうと考えた。生産部門から始めて、ＭＤ、Ｒ＆Ｄ、マーケティング、経営管理部門、営業部門と現場を１つずつ細かく確認していったのだ。

それぞれの現場に行って担当者と話してみると実情がよく分かる。ただ単に会社が大きくなっただけで、それぞれが自部門の勝手に分担作業をやっている。まさに「会社ごっこ」だ。

部下は上司に報告するために仕事をし、上司はこっちの報告を聞いて承認、あっちの報告を聞いて承認、のような机上の空論に近いことしかしていない。顧客の方を向いた「現場」の、本来やるべき「現実」の仕事ではなかった。これでは我々の会社のあるべきワークスタイルとまったく違う。前職がどんな高い地位の人だろうと、我々の会社に入ったら、仕事を全部一から組み立てて自分自身がやらなくては部下や周りがまったく動いてくれないのだ。

サラリーマン社会の浸透の果てに

唐突な話に聞こえるかも知れないが、ぼくは、今の日本の閉塞感《へいそくかん》、言ってみれば、ていたらくの一番の原因は、国民が総じて将来に対し希望を持てなくなっていることから発していると考えている。

それは、社会全体が老齢化・成熟化してきたということと、非常に残念なことだけれども、精神的なものよりも物質的なものを重視し、偏重するという近年の傾向がそうさせているのではないだろうか。これは、日本人の品格の衰退だ。

先進諸国のなかでは、日本人が特に、より物質的なものを求める傾向を持っている。日本人自身は、あいかわらず精神的なものに重きを置いていると思っているかもしれないが、今の若者たちとか、世間一般の人々の生活を見てみると、精神性を重視しなくなった気がしてならない。ここが一番の問題で、現在のようなほんとうに困窮し複雑な時代だからこそ、物質偏重ではなく精神性に重きを置くべきなのだ。つまり、精神性イコール希望に重きを置く、ということだ。そのような思考方法に変えていかないと、将来に希望を持ちながら生活するという具合にはならない。

会社を経営するという立場で言うと、経営者が経営理念と会社の将来像を明確に指し示しリーダーシップを持って行動すれば、全社員がモラルや倫理感を持ちながら同じベクトルで仕事をするようになるのではないだろうか。先ほどの精神性重視と同じ類《たぐい》の話である。

戦後の日本は復興期、高度成長期を通して、起業する人が増え、大企業と中小企業の二重構造時代が長らく続いた。その後、サラリーマン社会が世の中に浸透していったあと、今度は自営業者が減り、中小商店も急速に減っていく。中小企業も減っていき、残っている企業経営者も疲弊する一方だ。このままでは赤字会社の比率はますます増えていくだろう。

サラリーマン社会の浸透というのは、自分が意思を持ってこうするのだ、というよりも、他人からこうしてくれと指示されない限り動かない、そんな思考の人が増えていることを示している。それでは、だめだと思う。

本来、ビジネスの世界では、指示待ちで給料をもらうだけのサラリーマンというのは存在しないはずだ。というのは、もし会社全体が立ち行かなくなったなら、自分はどうすべきかを考えて主体的に行動するはず。そうでなければ、だめになっていく会社とともに、自分もだめになっていくのを待つだけということになってしまう。すべての社員がそうとは考え難いが、そういう傾向の社員が増えているのも事実だ。サラリーマンではなく、自分自身で考え行動する自律・自立型の社員＝ビジネスマンを会社内で育成しなければ会社は成長しない。

坊ちゃん嬢ちゃん礼賛《らいさん》と物質至上主義

それでは、指示待ちのサラリーマン思考蔓延《まんえん》の根本原因はどこにあるか。それは、家庭教育でしっかりとしつけをしないことにあるのではないだろうか。

まずは、子供を大人のように扱う。これはまったく誤っている。元々、モラルや社会のルールを何も知らない子供は、やはり子供なのだ。当然だけれど、社会のルールや礼儀作法であるしつけ、あるいは生活していくための知識など、知っておくべきことは最低限知っておかないと大人にはなり得ない。それらをすべて飛ばして、最初から子供を大人のように扱ってしまっている。いわゆるゆとり教育の弊害なのかもしれない。

そうして育ってきた人たちは「甘え」に慣れ親しみ、自分を律すること、我慢することに慣れていない。

人間は一人では絶対に生きられない。仕事でも一般生活でも当然、共同で活動する場面が多い。そんな時、人間として共同生活する場合の最低限のルールは、まずは親、その次に初等教育の教師が教えないといけない。それらがすっ飛ばされた結果、ほんとうは子供なのだけれど大人の格好をしている人が増えているのではないだろうか。

それともう一つは、ぼくが大学を卒業して何年か後のことだったと思うが、坊ちゃんや嬢ちゃんを賛美することが流行《はや》った。それは、週刊誌・月刊誌などいろんな雑誌が創刊された時期と重なる。

坊ちゃん嬢ちゃんたちは自助努力を嫌い、親に甘え、他人に甘え、いつも誰かが自分を助けてくれるだろうと考える。これは、「物質を賛美する」ということと相通じている。

そういう世の中に日本がなってしまったのが間違いなのではないかと思う。精神的な充実感などよりも、物質的な「もの」を選ぶほうが上質と考える。そんな極めて表面的なカッコよさだけを求める、上辺だけの社会に日本がなってしまったのではないだろうか。非常に残念に思う。先ほどの、しつけ教育されていない甘い人間が増えていることと重なって見える。

戦争を知らない世代の危険

また、戦争を体験した人たちが周囲に徐々に少なくなっていったことも、「精神性」に軸足を置かなくなった要因の一つではないだろうか。

ぼくも直接戦争を知っている世代ではないのだが、ぼくらの幼少期にはまだまだ戦争の悲惨さみたいなことを感じさせるものが多かった。

ぼくが住んでいた駅前商店街は、もともと空襲で焼かれて全部無くなった後に徐々に闇市《やみいち》が立ち並び、それが発展してできた。日本全国どこの商店街もほぼ似たようなものだったろう。とくに山口県宇部市の炭鉱の町にある駅前商店街だったので、荒っぽさが残っていた。

ぼくが生まれた昭和24年は終戦後とは言っても、まだまだ戦争の影を引きずっていて、それは30年代ぐらいまでは続いていたのではないか。傷痍《しょうい》軍人が募金箱を首から下げてアコーディオンを弾いていたり、身寄りがなく家を失った人たちが街のあちこちにいる。宇部は朝鮮半島に近いので、戦後、母国に帰っていく同級生もいた。炭鉱のブームもあり、荒っぽい炭鉱労働者が街を跋扈《ばっこ》し喧嘩《けんか》も絶えず、時には暴力団同士の権力闘争もあった。商店街では、万引きは日常茶飯事で、子供のころ用事もないのに店にいると、一週間に何度か店番の人が万引きした人を追っかけるのを見かけた。戦後はそんな時代だった。

ぼくの父親は、戦時中かなり長い間満州に行っていた。戦争中、日本軍がいかに悪いことをやってきたか、現地の人たちをいかに暴力で支配してきたかについて、ことあるたびに語っていた。自分がやりたくなくても、上官の命令には絶対服従なのだ。

今の政治家は世襲制に近い人が結構いて、それも戦争を知らない二世三世ばかりで、タカ派的、国粋主義者的な考えの人も多い。戦争の悲惨さ、残虐《ざんぎゃく》さを一切知らないから、表面的には勇ましいことを言っていても、非常に単純なタカ派的な思考になってしまうのではないだろうか。現代は、日本一国のことだけを考えれば済む時代ではなくなっているのだ。政治家にはもっと広い視野を持ってほしいものだ。

自ら仕事の範囲を限定する愚行

戦後数十年が経過し、坊ちゃん嬢ちゃん的な甘やかされ世代が育ってきて、上司が命令したり指示をしない限り、仕事をせずに待っているという性格の人が増えてきた。

本来、仕事というのは自分で作り出していくべきものである。店舗で接客販売する場合も、本社や本部で仕事をする場合も一緒だと思うのだが、自分がやるべき仕事の範囲は、社内の職務分掌規程に決められているにせよ、初めから範囲を限定してはいけない。本来は、自分で仕事を発見していかなければならないのに、与えられた仕事だけをするのがサラリーマン、あるいは会社員だと考えているのか、そういう人が増えてきている。

自分で決めた範囲以外のことはやらない、というよりも、やる必要があるということを感じていない。やるべきこととやらなくてもいいことの区別を、考えてから仕事をしていない。自分の仕事はここまででいいと勝手に境界線を引いて、その隣のことは、全く知らないとでもいうように我関せず。仕事はやればやるほどいろんな発見があり、仕事の目的である「顧客のため」にやるべきことが山ほどでてくるものなのだ。

自分の仕事は命令することだけ?

上司・部下の関係で言うと、自分が部下に命令するだけで仕事が全部済んだつもりになっている上司を時々見かける。新人から一足飛びに店長になった人に多く見られる。本部の人にも言えるが、自分が部下に命令するだけで、自分の仕事は終わった気になっている。「これをやってくれ!」と言って、それで終わり。

しかし、実際には部下もできていないことが多いはず。自分の仕事と部下の仕事を区別してしまい、部下ができなかったとしたらそれは部下の責任で、悲しいかな、責任を自らがとるような上司はいないのだ。

また、本部の人に特に多いのは、分析をしたり、計画するだけで仕事が終わった、というふうに錯覚している人たちだ。評論家にも近いのだが、分析して計画しただけで、仕事をやったと錯覚してしまう人が、組織が大きくなると増えてくる。詳細に数値分析することだけに生きがいを感じている人も増える。仕事のための仕事が、それも本質から遠い不要な仕事が増えていく。

組織の肥大化は官僚制を生む

組織が大きくなっていくと、自然発生的に階層をつくりだし官僚制に近づいていく。前著『一勝九敗』にも書いたが、仕事が一人二人では回らなくなり、ちょっとした組織ができてくると、組織保存の法則というものが働いて、誰でも組織を守ろうとする。はじめに仕事というものがあって、それを成し遂げ成果を上げるために組織をつくって分業しなければならないのに、あたかも組織というもののために仕事が存在するかのような現象だ。手段と目的が反対になってしまっている。その最たるものが、悪い意味での官僚制だ。環境変化に対応して組織も柔軟に変革していかなければ滅びてしまうのに、一度築いた官僚組織はなかなか変わらない。

そういう中に溶け込んでいると、指示を出す側の人間、つまり上司や管理職は、組織があることが当たり前のように感じてしまう。だから自分のいる組織を守ろうとするのだ。

経営者だったら当然だが、まずは社員誰もが、「組織が先にあってこその仕事ではなく、それぞれの仕事が順調に進むように有機的に仕事がつながった状態が組織だ」と考えなくてはいけない。すべての仕事はお客様のために存在する。お客様の役に立っていない仕事は不要と考えるべきだ。

ひょっとしたら我が社は、悪い意味の大企業、つまり規模だけ大きくて環境変化に対応できず柔軟性に欠ける企業になっているのではないだろうか。悪い意味での官僚制度、つまり階層ばかりが多くて意思決定の速度が非常に遅い組織になっているのではないか。あるいは、全社的に無責任体制になっているのではないだろうかと、常に疑ってみないといけない。

仕事には必ず責任が伴うのに、そこには責任の所在がはっきりしない。仕事をしているプロセスはあるけれど、最終的にだれが責任をとるかが不明になっている。最近、悪いニュースで取り上げられる官僚がまさにすべてそうだ。社会保険庁など年金問題であれだけ悪いことをやっていて刑事事件にならず捕まらないというのは、おかしい。民間企業ではありえないことだ。

成功の復習に意味はない

もともと、大企業である程度の職位、たとえば部長とか役員までいった人が我が社に転職してきて執行役員になったケースが多い。そういう人は前職でできあがったワークスタイルや自らの仕事のやり方を持っている。でも、一旦《いったん》我が社に入社したら、我々の考え方やスタイルで仕事をすべきだ。

まず、前職での成功体験は、新しい職場では何の役にも立たないことが分かっていない。その成功体験を引きずったまま、そのスタイルでしか仕事をしない。成功の復習をしても、環境が絶えず変化していく中では同じような方法では成功しないのだ。ましてや、前職が指示・命令するだけで自分で行動しなくても済んだ部長職や役員であったら、我が社ではまったく通用しない。

我々はいつでも新しいことに挑戦し続けているので、それに関して自分で考えて自分で実行しないといけない。部下に指示・命令したとしても、新しいことなので誰も完璧《かんぺき》にはやってくれない。その執行役員が最後まで責任持って手を動かし、実務の仕事をやる必要がある。

たとえば大企業で生産管理をしていた人が我が社に転職してきたとすると、その人が考えている「生産管理の仕事」と我が社での「生産管理の仕事」はまったく違うので、前職の通り仕事をしようと思ってもできない。完成された仕事のパターンがあるのではなく、担当者と一緒になって現場の問題点を洗い出し整理しながら解決し、担当部門のミッションを果たしていくのだ。仕事のスタイル自体が日本の普通の会社と違っているのだろう。「郷に入りては、郷に従え」ということかもしれない。

外部から来てもらった人、特に大企業から来た人に多いが、それぞれが前の会社のスタイルで、ユニクロ全体のことを考えずに自分の分野のことだけを優先し、仕事をしていく。部分最適な仕事にもなっていなかったかもしれない。仕事は自分でやるものではなく、自分は仕事の指示をするだけと勘違いしている人、自分は戦略だけ（それも紙の上だけで）考えればいいのではないかという人もいた。経営の実務は、経営者も担当者も一緒になって仕事をしていくもので、自分も主体者なのだ。傍観者では経営などできない。

仕事というものは、自分の専門分野のことだけ考えればよいのではなく、部門を超えてどんな影響を与えあうか考え調整しながらやるべきものである。自部門に余裕があれば、忙しい他部門を手伝ってあげるべきだが、誰もそういう具合には考えない。そして、いつのまにか自分の城を築き、守りに入る。これでは「会社」ではない。会社は、そこで働く普通の人たちの力が、みんなで働くことによって何倍にも大きくなり、個人では成しえないような偉大なことを行う場所である。それを阻害するような壁や城があったら邪魔なだけである。

たとえば経営管理部門は経理、財務、人事、総務、法務、広報、ＩＲ（投資家向け広報）、ＣＳＲ（社会貢献活動）、事業システムなど専門分野の仕事が多く、どちらかというとＭＤ、生産、Ｒ＆Ｄ、マーケティング、営業などのライン部門への支援組織であり、何か常に受け身のような仕事かあるいは監督業務と考えている人が多い。それは間違いである。経営管理部門こそもっと能動的に攻撃的に他部門に働きかける必要があるのだ。ここは「おかしい」と思ったら、変えるように現場に指示を出すべきだ。そうでないと管理にならないと思う。

日本企業最大の弱点は経営者

日本の普通の会社では、人は職位が上がれば上がるほど仕事をしなくなる。せいぜい課長クラスまでが仕事をしていて、部長以上の上司はその報告を受けるだけなのではないだろうか。一番トップの経営者も、もちろん然《しか》りである。経営者が経営をしていないのだ。

会社全体をどっちの方向に持って行くのか。5年後10年後どのような会社にしたいのか。会社全体に影響を及ぼすような判断であれば、経営者が決めて責任をとるべきなのに、それをしない。毎日のようにＡ案なのかＢ案なのかＣ案なのかを選択して進《しん》捗《ちょく》を監督しなければならないのに、しなくてもいいのは、部下たちがみんなやってくれるからだ。あるいは、役員会の多数決で決め、「みんなで渡れば怖くない」式の意思決定をやっているからだ。それでは会社も経営者も成長しない。経営者が頼りなくても、現場がしっかりしている会社はなんとかやっていけるのだ。

ただし、現場が頑張っているということは強みであると同時に、弱みでもある。

世界各国の経済が複雑に絡《から》み合い、影響し合い、変化が激しいこんな時代にあって、会社の行動を迅速に大胆に変化させ対応していかなければつぶれる可能性だって十分にある。そんな時期に、現場レベルのみの裁量では会社全体を変えるのは難しく、やはり経営者がしっかりと長期的な視野に基づいて「そっちじゃなくて、こっちに行け！」と大きな方向性の指示を出さないといけない。「ここが間違っている。ぼくがやってみせるから、あなたたちもこれを見て覚えなさい！」のようなことを経営者自らがやらないと、会社は変われない。

経営者は組織の一番上にいて、自分は仕事の指示だけして、問題が出たら下の人が泥をかぶる。個々の仕事の目的や本質がわかっていないから、指示や命令も的外れのことが多く、伝えられた部下はしらけてしまう。判断力が乏しく、実務で人を動かして成果を出すということをあまりしていない経営者も多いのではないか。

会社がいまどちらの方向に向かうべきなのかを判断し実行するのが、経営者の役割である。経営参謀というより経営者そのものである我が社の執行役員も、その視点から行動すべきなのに、自分の専門、たとえば財務や法律の分野から目を向けることしかできない。順番が違うのだ。これでは一般常識的な、教科書的な判断しかできず、普通以上の成長はあり得ない。

婦人服専門店キャビンの買収

2006年4月に、婦人服専門店チェーンを展開するキャビン（東証第1部上場）の株式を30％弱取得した。ファーストリテイリンググループとしてウィメンズ部門を強化していかなくてはならないので、同社と包括的な業務提携を行いつつ、資本関係を持つ。そのための株式取得だ。

キャビンは自社で企画したファッション性の高い婦人服などを販売する専門店チェーンで、日本のウィメンズのSPAの先駆けとして1970年代から急成長してきた。ブランドは「ZAZIE（ザジ）」、「enraciné（アンラシーネ）」、「we-nge（ウィンジ）」、「ê.a.p（イーエーピー）」など、06年5月末で全国に202店舗展開していた。このところしばらく業績は低迷しており、05年2月期の売上高は２０１億円、経常利益は5億円の赤字であった。

同社経営者や幹部と話したり現場に入って調べてみると、我が社から経営者を送り込むだけでは改革・再生は相当に難しく、資本面も含め、全面的に入り込まないとダメだと判断した。06年8月に公開買付けのすえ過半数所有とし、翌07年7月から8月にかけて完全子会社とするべく公開買付けを行った。その結果、07年12月に１００％子会社化し、東証から上場廃止となった。その間、ブランドの絞り込みを含め、様々な対策を取っていった。

後述するが、今現在は我が社の執行役員の中島徹郎《なかしまてつろう》君が同社社長を務め、ユニクロのノウハウを活《い》かしつつ、同社を活性化させウィメンズＳＰＡ企業ナンバーワンとなるべく、同社員全員とともに力を合わせ日々奮闘している。（注：キャビンは10年にリンク・セオリーと合併。ザジ等のブランドは11年撤退）

生産部からはじめた業務改革

ぼくが社長に復帰してから、もう一度会社のそれぞれの現場をすべて見て回ろうと思いたったことは既に述べた。その最初の現場に選んだのは生産部だった。

我が社は小売業だが、同時に製造業者でもある。急激に生産量が増え、委託生産工場の数も増えたが、本来はお互いパートナーであるべきはずなのに、両者間の絆《きずな》がない。単にバイヤーとサプライヤーの関係に近い。これではいけない。

生産部の担当者と話してみると、どうやら工場に対して信頼感を無くしている。工場側も同じような状態で、我々をあまり信頼していないのかもしれない。生産部の担当者は工場に行って実際に生産管理をすべきなのに、外部の業者に任せる工場が出てきたり、ある部分は良い意味で対立しながら協調関係を保たなければならないが、馴《な》れ合いに近くなったりしていた。相互の信頼感は厳しさに裏打ちされたものであるべきだ。もう一度、すべての工場の経営者と会って、2、3年の生産計画を示し、将来こういう方向性を目指すので協力してほしいと手を握り合う必要性を感じた。

「名ばかりSPA」では、会社の将来はない。我々がすべての生産工程をコントロールできなければSPAである意味はない。全部コントロールして、たとえば資金が足りなければ、商社に「何%で融資してください」と依頼する。たとえば品質検査をするのであれば「1枚幾らで品質検査してください」と検査会社に依頼するのである。

実際にほとんどの工場の経営者の方々と会い、今後の方針を話し協力を依頼した。

特に主力工場とは、今後何年間こういう方法、これくらいの取引量、こういう協力体制でやっていきたい旨《むね》を説明し理解を得た。

最初に取引を始めたころは、お互いにパートナーであるという人間関係がしっかりとできていたはずなのに、何年か経《た》つうちにそれが薄れていった。というより、取引量が増えていって我が社の影響力が強まったことに気づかず、会社全体が傲慢《ごうまん》になっていったということかもしれない。

何万人も働いている大きな工場で、そのキャパシティ（生産能力）の半分くらいは我が社から発注、ということもよくある。年間数千万枚の商品を作り、取引高は相当な金額にのぼる。そこで、生産量のアップダウンが激しかったり、突然キャンセルしたりすると工場はただちに死活問題となる。

そこを我が社は真剣に考えずに、自分たちの都合だけを押し付けて、「このシャツ、売れないからやっぱり生産中止！」とか、突然、「このセーターを当初発注量の2倍つくってくれ！」と言ったらどうなるだろうか。あまりに無責任であり、信頼関係をなくすのは当たり前だ。同業他社同様の悪《あ》しき慣例そのままの、大企業病の症状である。これではいけない。

生産部の改革を通して、パートナー工場の信頼を回復する。ちゃんと事前に計画して、お互いにそれを了承のうえ、しかも３年計画でこんな風に増産していくという前提のもと、キャパシティのどの程度を我が社で契約しておくかを決めておく。そんな当たり前の状態に戻ったと言えよう。

我が社が成長すると一緒に工場も成長する、という図式がいい。これならお互い納得ずくで、切磋琢磨《せっさたくま》しながら、ますます良い商品を送り出せる。

ＭＤ部門の見直し

生産部門に続いて、現場を１つずつ見直していったのはＭＤ部門である。問題点は総じて、やるべきことを本当に真剣にやっていなかったということに尽きる。

もともとどの社員も真面目《まじめ》なタイプが多いので、ちゃんと仕事はしている。決められた業務をこなしているようには見えるが、普通の会社のサラリーマンのようなレベルではいけない。要求水準が低いのだ。

我々はいまのこの仕事に命をかけているのであれば、問題点を洗い出し、もっと徹底的にその方策を考えて実行すべきである。

毎週火曜日にぼくは、商品の売価を変更する会議を主催している。最初のころは、「この商品は何で売れなかったのか」「どうしてこの商品を売価変更しないといけないのか」「この商品の売価変更をしたらほかの商品にどういう影響を与えるのか」といちいち全部チェックし、指示していた。商品計画をつくる際にも、1つの部門の商品計画を変更したら、それがほかの商品にどう影響するか考えないといけなかった。店舗に展示するときのメンズとウィメンズの商品バランスを考える必要があるし、今後成長するためにはウィメンズ商品をもっと増やす必要もある。

改革の当初は、全社員が一生懸命仕事をやっているものの、MD部内部の社員同士の意思疎通《そつう》があまりよくないだけでなく、隣接しているR＆Dセンターや生産部との連携もうまく取れていなかった。

改革過程で、MD部全部を統括する執行役員である中島徹郎君は、MD部のような専門部署、つまり限られた小さい業務範囲のヘッドというよりも、子会社社長のような会社全体の全般管理業務のほうが向いていて能力が発揮できるのではないかと考え、2007年11月から会社全体の改革が必要なキャビンの社長としてやってもらうことにした。中島君は、同社社員たちとともにキャビンを日本一の婦人服チェーンにすべく悪戦苦闘の毎日を送っている。ぜひそれを乗り越えて、その夢を実現して欲しい。

売値の決まり方と値引きの考え方

商品の売値はどのように決めるか、というより、どう決まるのか。

企画開発の段階で、この商品は過去の類似商品の売値や売れ行きから見てだいたいこの値段で売れそうだと思ったら、1990円とか2990円などの売値（当初売価）を決めておく。それが数週間のうちにその売価のままで売り切れればよいが、売れなければ値引きを行う。

そもそも人が商品にお金を支払うということは、その商品とお金を交換するということであり、自分自身が決める商品価値と見合わないと買わない。多くのお客様からそのプライスで値打ちがないと思われたら、値引きをしなくてはならない。

値引きの方法には2種類ある。期間を限って行う「限定値引き」と値引いたあとの金額を売値にする「売価変更」である。前者はもともとのプライスはそのまま、後者はプライスそのものを低く書き直してしまう。

限定値引きは、商品をより多くのお客様に知ってもらいたいための誘因行為であり、顧客掘り起こしのために「土日限定値引き」のようなやり方をする。1000円の売価の商品を、６９０円で土日限定で売りますということで、まずは1枚買っていただき、気に入ったら別の色をもう2枚、３枚と買っていただき、家族の方々にも薦めてもらいたいという意図もある。

ユニクロは大ざっぱに言うと、郊外のロードサイドにある店舗が全体の３分の２である。ショッピングセンターや繁華街の店舗であればお客様は自動的にやってくるが、郊外型店ではそうはいかない。我々がチラシで「こんな商品をこういうプライスで売っています。ぜひ、この土日にお出《い》でください」と伝えないと、簡単には来てもらえない。限定値引きは、ある意味、店に来ていただくための「お土産」みたいなものであるし、目玉商品でもあるのだ。

売価変更の方は、限定値引きとはまったく異なっている。一言でいえば、売れ行きが良くない商品の販売促進策である。たとえばある商品を30万点作るときに３９９０円の売値と予定販売期間を決める。その期間を過ぎても売り切れそうもない時には２９９０円に売価を変更する。売り切るまで売価変更は続く。

売価変更はタイミングが非常に難しい。早く実行すると、当初得られるべきだった利益が減っていくが、遅ければまったく売れ残り、ほとんど利益がゼロに近くなることもある。

商品が売れなければ、店長や営業部の人たちから毎週月曜日に「土日にこの商品が売れなかったから、売価変更してほしい」という依頼がバンバンあがってくる。MDや商品計画の担当者と会議して、その席上で「この商品を売価変更しましょう」という提案に対し、1つずつ是々非々の議論をして決めていく。ぼくが「下げた方がいいでしょう」と言ったことに対し、担当のMDから「たまたまその時期に売れなかったと思うので、もう少し様子を見させてください」と反対意見を出されることもある。MDは、自分が作ったこんなにいい商品が売れないはずはない、と思っているから当然そうなのだろう。逆にFC（フランチャイズ）店のオーナーからは、「売れているのになぜ、下げるんですか？」「利益率が下がるから、この売価でもう少し売らせてほしい」と言われることもある。

数字は冷徹で、ウソはつかないものだ。

売価変更しようということで会議の俎上《そじょう》に上がった商品は、その後も売れないという例がほとんどである。最終的には、完全に消化するまで売価変更することになる。

実際は、実務能力の高いMDほど、早め早めに売変処理をしていく傾向がある。もし、それで粗利益が取れなかったら、売れる商品を追加すればよいからだ。売価変更、生産追加、生産中止を決めるのは、週に1回同じ会議のなかでおこなっている。

SPAの強みは「金の鉱脈」の発見

ＳＰＡの強みは、一般的には次のように理解されている。発注した商品はすべて買い取らなければならないからリスクはあるが、大量にロットで発注して買い取るからコストも下がるし、売値も下げられる。これは正しいが、非常に表面的で一義的な理解である。

そもそもＳＰＡというのは、商品企画から販売までの流れをワンサイクル全部１社で回しているからそう呼ばれる。

まず、顧客ニーズがどこにあるかというのを自分たちで探る。ひょっとしたらこんな商品をこういうコンセプトで作ったら、多くの人たち（マス）に売れるのではないか。それを企画して実際に商品を作る。そして、店頭で販売し、お客様の反応を見て、「あっ、これは違っていたな」とか、「ピントがずれていた」とか「これはもっとこういうものを作ったほうがよかった」ということで、生産中止したり、別の商品に切り替えたりする。

どちらにしても「この商品よりも、こういう企画のほうがもっと受けるのではないか」というのは、実際に売ってみるまでわからない。だが、SPAでは、圧倒的な「売れ筋商品」を発見するまで何度でも何度でもそのサイクルを自社で回せる。つまり実験＝試行錯誤できることこそが、SPAの本当の強みであろう。

1998年にフリースが爆発的に売れたときにも、その数年前から売れる予兆があり、それに基づいて商品の改良に次ぐ改良と、1900円という他社の商品に比べ画期的な安価で作って売れる工夫（東レから原料を買い、インドネシアで糸を紡《つむ》いで、それを中国で織る）をしたのだ。

一般的には、メーカーは作るだけ、問屋はメーカーが作った商品を小売業者に卸すだけ、小売業者は売るだけ。つまり機能的に分化している。重要な売れ筋情報も切断されていて、ほとんど伝わらない。その商品の売れ行きはどうか、お客様が売り場でどんな反応を示していたか、突き詰めると、この商品はどれくらい売れる能力があるのか、などの金の鉱脈のような重要情報を、小売業者はドブに捨てていることになる。だが、我々のようなSPAであればその情報を活かすことができる。SPAであれば原価がダウンするから儲《もう》かるという単純なことではないのだ。

SPAと生産調整

企画して、デザインして、パターンを決めて、発注数量などを決めて、素材を買い、委託生産工場へ発注する。その発注数量が完成したら全部引き取るのがSPAの原則である。しかし、商品の売れ行きを見て、爆発的に売れれば途中で「増産」、逆に、あまりに売れ行きが悪ければ「減産」とか「生産中止」などの生産調整をする場合がある。でも、それを我々の都合だけで勝手に命じたら、工場の信頼をなくし、やがては誰も協力して生産してくれなくなる。優越的な地位の乱用ということで、損害賠償の対象になることだってあり得る。

たとえば、ある縫製工場が年間100万枚のシャツの生産ラインを3本持っているとする。その工場のキャパシティ（生産能力）は300万枚ということになる。まず、そのうちユニクロ向けに年間150万枚のキャパシティを押さえておいてもらう。具体的に発注の段階では、この型のシャツを25万枚オーダーします、この時期には別のシャツを30万枚オーダーします、また別の時期には何万枚オーダーを……ということになる。

キャパシティの範囲内であれば、追加発注＝増産は素材調達の問題を除けばそれほど問題ないが、「生産中止」の場合には「次のシーズンの別の商品を作ってください」と依頼したり、「すでに買ってある素材は、こういう商品に転用してください」とお願いする。そのような別の商品の発注ができない場合には、「代償としてこれだけの金額を支払います」というケースもある。前もって全部のキャパシティを押さえておかない限り、生産調整は難しいのである。

再ベンチャー化の本当の意味

全国的なユニクロブームの反動からようやく正常な状況に戻った時期に、再度、1984年のユニクロ1号店オープン当時の原点に立ち返って、「第二創業」の宣言をした。

2005年の元旦《がんたん》に社員全員に送った年度方針は「第二創業 即断、即決、即実行」である。

その当時、安定志向のような気持ちが社員の間に広がり始めたのを感じ取って「これではいけない」と思ったのが、その年度方針である標語を思いついた動機である。

人間は安心すると意思決定や行動のスピードがダウンするものなので、その点も気になった。

良い企業は急成長して高収益をあげ続けて当然だ、とぼくは考えている。良い企業であるための条件のひとつは「即断、即決、即実行」である。あらゆる問題に対し、自身の問題としてもっと素早く痛切に感じ、そのうえで即断、即決、即実行をしていかないと会社の存続にとって致命傷になる。新しい事業を起こそうとすると、安定巡航時の10倍以上のエネルギーが必要である。また、経営幹部ほど常に創業時のような高いエネルギーを持ち続けてほしい、という意味も込めた。

悪い意味での大企業とは、つまり意思決定が遅く環境に対応できずにもがいている、図体《ずうたい》の大きいだけの企業である。ここから脱却するには、創業時の原点に戻って再びベンチャー企業からやり直す必要がある。何もかもがたいへんだった創業当初に戻れ、と言っているわけだ。

このことはよくよく考えると、人間の本性からするとまったく逆のことを求めている。とくに日本人は、会社に就職するということは会社員になって安定的な身分を求めると考える傾向があるので、非常に抵抗感が強いと思う。

この、もともと社員には向いていない方針を徹底するのはたいへんなことで、何度も何度も同じことを言い続け刺激し続ける必要があると考えている。

グローバル化、グループ化の意義

今後、国内だけの店舗網だけでは競争には生き残れないと考えているので、当然ユニクロのグローバル化が必要になる。ユニクロだけを成長させるのではなく、グループ企業を育てあげ、グループ全体で世界の市場を取っていかなくてはならない。

本来、企業のグローバル化というのは、その企業に所属する自分たち自身が外国に行って仕事をする、つまり自分たちの能力を海外で発揮するだけではなく、外国からも人が来て、その人の持っている能力をその日から活用できるという状況であろう。日本と同じ状況で、海外でも仕事ができる。海外から来た人たちも日本で海外と同じ状況で仕事ができる。我々はそういう会社を皆でつくろうというようなことなのだ。おそらく日本人には一番向いていないことかもしれない。

再ベンチャー化と同様、すぐには理解できないことかもしれないが、理解して積極的に参加してもらわないと会社が成長しないので、全社員に理解してもらわないと困る。いや、理解するだけではなく、それが自らの行動になって現れないといけないのだ。このことも何度もぼくの口から言い続けようと考えている。

経営の管理監督と執行は分離可能か

2005年11月からコーポレートガバナンス強化の一環として、持株会社体制への移行、委任型執行役員制度の導入、経営の管理監督機能と執行機能の分離を行っていった。

ぼくが間違えたのは、経営の管理監督ということとガバナンスを同一視してしまったことである。

会社は環境変化に応じて変わり続けなくてはいけないのに、自分が上の方からチェックするだけでは会社は変われない。月曜会議とか執行役員会議などが取締役会に次ぐ意思決定・執行機関だが、なかなかうまく機能しない。自分が上からチェックするだけだと、会社全体の動きの元となる動力や機械はうまく動いてくれないし、その機械を構成している部品や歯車の1つひとつに気を配ることができない。機械のなかに入り込み、身体《からだ》を油だらけにしてみんなで一緒に作る必要があるのだ。

具体的には、ファーストリテイリングという持株会社、それも事業をしない純粋持株会社を作ってその代表取締役会長兼社長にぼくがなり、中核の事業会社であるユニクロの代表取締役会長兼社長にも自分が就任した。

これを端的に表現すると「自分自身の意思決定と行動を、自分自身で管理監督する」構造だ。グループ全体のガバナンスも執行管理も執行さえも、自分自身でやらなくてはいけない。時には「自分の首を自分で締める」必要も出てくるだろう。「こんな変則的な構造は長く続けるべきではない」と、取締役会で社外役員の皆さんに指摘された。その通りだと思った。何年か経《た》ったら、ユニクロの社長は後進に譲る必要があるだろう。しかし、それが今に至ってもできていないのが現実だ。

言い訳になるかもしれないが、これから本格的にグローバル展開していかなければならないし、グループ企業もそれぞれ独立性を強くしなければならないときに、中核企業であるユニクロ自体を徹底的に変えていく必要があり、それをやるためにはやはりユニクロの社長をやらなくてはならない。グループ全体のDNAを創《つく》り出すのはユニクロをおいて他にない。ぼくがガバナンスだけを仕事にしていたら何も変えられないのだ。まったくのジレンマである。

今になって思うのは、我々のような成長途上の企業では純粋持株会社の採用は難しく、ユニクロの一部を含んだ事業持株会社が現実的かもしれない。先述したが、現在もユニクロの機能のどこまでをファーストリテイリングに取り込むか思案中である。

必要不可欠な社外取締役

上場会社の取締役会には、社外取締役の参加が必要かどうか、産業界と官公庁・証券取引所・機関投資家等との対立が喧《かまびす》しく続いている。

産業界にしてみれば、社外取締役を入れても業務知識は無いし、機能するとは思えない。それに今の社外監査役を含む監査役制度で十分だ、という。大企業でも社外取締役を置いていない企業も結構ある。

一方、後者グループ、特に外国人投資家の要望をバックにした金融庁は、社内の出身者である取締役だけで取締役会を固めて意思決定機関とするのは、一般株主や潜在株主を軽視しているのではないか、企業経営を監視する目的で社外取締役を選任すべきだという意見だ。最近では、組織再編や異常に多くの割合の第三者割当増資などで少数株主の利益が侵害されたり、利益が相反する事例が増えていて、そのような場合に社外取締役の存在が効果を発揮するはずである。

２００９年７月現在、ファーストリテイリングには取締役が４名、うち社外取締役が3名、監査役は5名、うち社外監査役が4名いる。取締役はぼく以外の全員が社外ということで、「究極のガバナンス」と新聞に書かれたこともある。

社外取締役にはその会社の業務知識はなく、業務執行をなかなか任せられないのは無理もないが、ガバナンスに役立つのは事実である。

ぼくは経営の主体者であり、実際の経営に携わっているので、その最中に自分の判断や行動を客観的に見ることはできない。一方、社外取締役は主体者ではないし、会社と特別な利害関係もないので、客観的な意見や反対意見を言ってもらい、より議論を深めたり、最もよい結論に到達することもある。「外側から客観的に見ると、これは違う」とか、「こういうやり方よりも、こっちにすべきなのではないか」とか、「こんな取引は世間一般から見ると許されないのではないか」など反対意見、客観的意見を出す牽制役《けんせいやく》として役立つ。

事実、我が社の取締役会はいつもいろんな意見が飛び出す。相当な議論がなされるが、それでもほとんどの議案に対して取締役の全員賛成が多い。また反対があるときも2対2になることはあっても、ぼく以外が反対という1対3の状況になることはなかった。また、監査役5名には議決権はないものの、それぞれのバックボーンから様々な意見を述べ、大いに議論に参加してくれている。

ぼくのように思い立ったらすぐに行動を起こすタイプの人間だと、一般的に暴走することが多い。しかもオーナー経営者でワンマンタイプであればあるだけ暴走する可能性がある。経営者は暴走している最中は自分の姿は見えていない。正しい判断で最適な行動をしているうちはいいが、そうでない場合には誰かが牽制するべきだ。それを止めたり、諫《いさ》めたり、スピードダウンさせたりできるのは社外役員(取締役・監査役)だけだと思う。

「外資系企業に見える」は勘違い

外部の人から我が社を見ると、日本企業というよりも外資系の会社のように思っている人が多いのではないだろうか。表面的にはそう見えるかもしれないが、まったく違う。以前、我が社は「日本の新しい会社です。」と表明したことがあるように、まったく新しい働き方のタイプの会社だと考えている。

日本の社会は、階級差のないフラットな社会だと思う。それに対し、欧米の社会は相当に階級差がある。昔から変わらない格差社会なのだ。そこを一般の人は誤解しているのではないか。欧米は、会社も同様にまったくフラットではない。会社のなかの人事面もそうだし、外部との付き合い方も同じ。経営トップはトップ同士、部長は部長同士、現場担当者は担当者同士で交流する。

社内の意思決定もほとんどが「トップダウン」であり、経営者から下される指示・命令が絶対。現場から意見が出て指示・命令が変わったりする「ボトムアップ」はほとんどない。トップと部長と担当者で一緒になって仕事の方針を決めていこう、などということもあり得ない。

欧米で働く人たちは、日本以上に自分の上司が何を考えてそれをどう決めるかということに注意を向けていて、「Yes, sir!」という人ばかり。自分の意見を言わない人が多い。というのは、ちょっと失敗するとすぐに首を切られるので、当然のことかもしれない。

欧米人は日本人より初対面でもフレンドリーな人が多いので、きっとフラットな社会なのではないかと勘違いする。ボスの権限が強いのは欧米の会社の特色であり、強いのは上司の決められた権限なのだ。その代わりに責任は全部上司がとる、というのが欧米の会社の常態。これは社会全般にも言える。日本は反対に、誰が指示して誰が責任をとるのかよく分からない仕事をしている会社が多いし、社会全体にも同様なことが言える。

中途採用で我が社に外資系から転職してきた人のなかには、なにか「自分は決めるだけの人」という階級に所属しているのではないかとさえ思える人がいる。自分はそうではないと言うが、部下の意見はあまり聞かずにただ命令するだけである。そういう人は他部門からの意見も聞かない。仕事は、他部門との連携で行われることが多いのにもかかわらず、である。外資系の日本法人に勤める人たちは、自分たちがゼロから決めるのではなく、外国の本部から常に「ああしろ、こうしろ」と指示され、命令されるがままに仕事をしているからなのではないだろうか。

また、外資系の会社では人間関係がドライだ。

自分は報酬をもらって、自分の信条とは関係なくその仕事をしている。あるいは、会社そのものへのロイヤリティではなく、自分の専門職種へのこだわりがあって、いろんな外資系の会社を転々とするなかで自己実現のためにたまたまその会社にいる、ということもあるだろう。日本の会社の場合には、会社に対してロイヤリティを感じながら、自分の生活の中に仕事があって自己と会社が切っても切り離せない状態になるという人が多い。

そういう意味からすると、我が社は後者に近いので、外資系の会社に勤めていた人が我が社に来たら、やはり外資系ではなく日本の会社だと感じると思う。

企業の社会的責任（CSR）とは何か

現在の社会において、企業の力はますます強く大きくなってきている。世界的な大企業であれば、国よりも力が強い。そして、国境を越えていかなる国に対しても影響力を持っている。政治が弱体化したため国は社会を変えられなくなったが、むしろ企業の方が社会を変えられる場合がある。

企業が社会を変えられるというのは、企業がそれだけ権力や権限を持っているということ。権力や権限の反対側には、常に責任がある。表裏一体だ。人間も同じだが、権力や権限のある人は責任感の強い人でなければならない。

企業は、法や社会によって認められ生かされている存在である。まして権力や権限を持つに至ったのであれば、自分たちの会社は何のために存在し、どのようなことで社会に貢献しないといけないのか考えなければならない。社会にとってプラスになっているかどうかが、その企業の価値を決めるのだ。

逆に、一般消費者やお客様の立場で考えたら、社会にとってプラスになっていない会社からモノは買いたくない。現代は超情報化社会なので、会社の外観だけでなく内部のことまで全部知られていると考えるべきだ。であれば、その会社が社会のために全身全霊で役立とうとしてビジネスをしているということでないと、人は商品を買ってくれないのではないか。商品を買う前に、やはり会社やそのブランドを検討し選ぶだろう。

たとえば、誰か人と一緒に仕事する前には、その人と一緒に仕事をしていいかどうか考える。新しく外注を依頼する会社があれば、依頼する前に製造能力やスピードなどを調べる。当然のことだ。モノを買うというのも、何かそれに近い行為だと思う。

どの会社でも不正は起こりうる

社会的責任を果たす以前に、「不正」にどう対処すべきかという問題がある。

最近は会社の不正が発覚したら最後、一夜にして信用も何もかも失う事例が後を絶たない。「不正が発覚したら」というよりは、「不正を隠そうとしたら」という方が正しい。

会社に社員が何万人もいれば、そのうち何人かは多かれ少なかれ不正をしていると思う。我が社も例外ではないだろう。ただ経営者がそれを隠そうとしたり、自分の知らない、あるいは関知しないところで発生した不正だということを公言すると、それだけで不信感が生ずる。ましてや、「我が社は大企業なので、これくらいのことは当然だ」のような傲慢不遜《ごうまんふそん》な態度が見えたら、絶対にダメである。

不正や不祥事が発生したら、「我々はこれを大きな問題として認識し、こういうふうに解決し、今後とも発生しないようにこのように予防策を講じる」と宣言する。こうすれば信用不安のような状態にはならないと思う。

障がい者雇用への取り組み

どんな会社にも社会的責任はあるし、社会に対して貢献するのが当然なので、我が社としては何か社会に対してお返しできるものはないかいろいろと考えた。

最初に実行したのは、店舗での障がい者雇用である。

その法定雇用率は1・8％であるが、ユニクロでの雇用率は2008年6月1日時点で8・06％と、それを大幅に上回り、全国の大企業（従業員数5000名以上）でトップクラスの水準となっている。約8割の店舗で雇用が進んでいる。

もともと我が社でも、以前は障がい者雇用率は非常に低く、法定雇用率に満たない部分は一種の罰金を支払っていた。

あるとき大阪のユニクロ店で障がい者を雇ったら、店舗内部の従業員のコミュニケーションが非常にうまく回りだした。彼らが一生懸命に仕事をしている姿を見て、ほかの販売員がその人に協力しなければいけないとか、その人に対して気遣いをし始めた。従業員全員が若いので、一緒に働く人への気遣いなどを初めて肌で知ったというわけだ。その結果、その店舗は他の店舗よりもむしろ人員効率が良くなったのだ。

障がい者を雇用するとこういう良い面があって、効率もむしろアップすることもあるということがわかり、2001年から「1店舗1名以上」の雇用をしようと取り組んだ。その結果が現在の雇用率の高さになって表れている。2007年6月には内閣府より「再チャレンジ支援功労者表彰」を受賞した。

その実態は、障がい者と健常者が一緒に仕事をするということなのだが、実は、両者の間には差などないのではと思っている。心身ともに健康という健常者といえども、何かしら弱いところ、劣っているところはあるはずだ。逆に障がい者とはいっても、なにかしらの配慮をすることで仕事は問題なくこなせる。皆でチームとして仕事をすることによって一体感が高まり、高効率の店舗が生まれるのだ。

「1店舗1名以上」の雇用に取り組んだのには、もうひとつ大きな理由がある。雇用した人のご両親が非常に喜んでくれるのだ。自分の子供が、ユニクロの店舗で仕事をしている。しかも、これまで見せたことのないような活《い》き活《い》きした顔で仕事をしている。そんな姿を見たら、親御さんたちはどんなにかうれしいことだろう。こんな光景を目にしたとき、ぼくはこれが本当の社会貢献なのではないかと感じ入った。

世間一般では、障がい者の人たちだけを集めて、物を作ったり、請負業務をこなしたりして自立を目指すケースもある。それもひとつの方法だろう。しかし、圧倒的に機会が少ないという事情はあるにしても、やはり健常者と同じ職場で自分の能力を発揮することが自立への近道ではないかと思う。

我が社では、彼らが店舗のバックヤードで働くとか、売り場で働くとか、商品整理をするとかを一律に決めているわけではない。その人のできる仕事をやってもらうことにしている。

健常者はこうした共に働く状況が普通だと思わないといけない。一方で、彼らのハンデな部分に関しては考慮するが、そのほかのことに関しては同じ扱いをする。両者ともにまったく遠慮することはないのだ。

瀬戸内オリーブ基金などのCSR活動

瀬戸内海は美しい海と自然の森を持つ島々が点在するたぐいまれな内海であり、日本の宝のような存在である。その瀬戸内海に浮かぶ豊島《てしま》への産業廃棄物不法投棄問題は、前世紀の経済成長がもたらした負の遺産ともいうべき大事件だった。建築家の安藤忠雄《ただお》さんと弁護士（当時）の中坊《なかぼう》公平さんが発起人となって、その豊島などの瀬戸内海の島々に緑の自然を取り戻すべくオリーブなどの木々を植えようという運動を始めた。お二人に、この運動を手伝ってほしいと頼まれたので、2001年からユニクロ全店に募金箱を置き、お客様から寄付をいただくのと同時に、我が社は集まった募金と同額のマッチング寄付を行ってきた。2008年8月までに1億300万円の募金が集まり、5万7000本の植樹と22団体への助成を行っている。

そのほかのCSR活動としては、「スペシャルオリンピックス日本」への活動支援、「ユニクロサッカーキッズ！」への支援、緊急災害時の衣料支援、従業員のボランティア活動への補助、全商品リサイクル活動がある。また、取引先とのトラブルの有無に関するアンケート調査や生産パートナーである工場への定期的な労働環境等の調査も行い、その結果を「CSRレポート」として年に一度公開している。

商品のリサイクルは、もともとフリースの回収からスタートし、2006年9月からユニクロの店舗で販売するすべての商品にその対象を広げ、毎年3月、6月、9月の年3回ユニクロ全店舗で全商品を回収している。2008年の実績は、国連難民高等弁務官事務所を通じて難民キャンプに救援衣料として寄贈(リユース)したのが93%、繊維化へのリサイクルが2%、燃料化へのリサイクルが5%となっている。この全商品リサイクル活動は、2008年10月に第5回朝日企業市民賞を受賞した。非常に光栄なことである。

週4日のノー残業デー

CSRは会社の外に対象が向きがちだが、実は社内の重要なステークホルダーである社員に目を向けるとやるべきことは山ほどある。

2007年4月から、店舗に勤務する契約社員などの非正社員を対象に、勤務地域を限定して正社員として働く「地域限定正社員制度」を導入した。これまで、転勤することが制約となって正社員になることができなかった人たちに、ぜひ正社員になってほしくて導入したものだ。2008年末で2000名ほどが全国で地域限定社員として活躍している。

また、「ノー残業デー」の実施もＣＳＲ活動の１つと言っていいだろう。

現在、東京本部では火曜日から金曜日まではノー残業デーとなっている。

我が社はもともと山口県宇部市にあり、１９９８年に山口市に本社を移したあと、２０００年４月に東京都渋谷区に会社組織の中枢《ちゅうすう》部である東京本部を開設した。まだ、10年も経《た》っていない。

東京に転居したら誰でも痛感すると思うが、地方と違って東京は非常に通勤に時間がかかる。通勤時間があれだけ多くかかっているのに、毎日遅くまで仕事している人がやけに多い。みんな遅い。家族持ちで子供が小さいとか、介護や買い物など早く家に帰ってやるべきことが多い人にとっては大変なことである。家庭が崩壊する危険性だってある。独身でやることがない人が、会社にうだうだ残っているだけでもたいへんだ。

本来、朝早く出社して夜の10時とか11時まで詰めて仕事をしていたら、もうその次の日は疲れて仕事に集中できないはずだ。ぼくは過去の経験から言うと、１日12時間以上仕事をしたら集中はできない。それも何か月も何年も続けるなんてあり得ないし、もしやっていたら仕事に集中していないはずだ。

我々の会社は仕事好きの人が多いせいか、それとも、仕事をしているふりをしている暇な人が多いのかわからないが、夜遅くまでずっと仕事をしている社員たちの姿を見ると「あっ、これはまずいな」とか、「いや、これは効率が落ちているな」と思った。そこで、7時になったら全部消灯、それを毎週水曜日からやり始めて、1日ずつ増やしていき、火曜日から金曜日までは全部7時に消灯することにした。最初のころはぼくが電気を消して回っていた。2007年3月以降は週4日をノー残業デーとした。

みんな最初のうちは、ぶつぶつ言っていたが、仕事はやり方次第でどうにでも切り上げられるものだ。どんなに忙しい人でも、職務分析や仕事の棚卸をしてみると無駄な会議や打ち合わせ、手待ち時間などがある。簡潔に言えば、みんなゆったりゆっくり仕事し過ぎだ。もっと短時間で走るように仕事をして全部済んだら即帰る、という具合にできるはずである。

本当は早く帰れるのに上司がいるうちは帰れないとかいう人もいる。時間の無駄である。上司が率先して仕事を効率的にこなして、毎日早く帰る。そうすべきだ。

ぼくは夕方5時過ぎには退社しているが、毎朝7時には出てきているので本当は3時くらいには帰りたいと思っている。早く帰ったら皆さんも、趣味に打ち込むとか、勉強するとか、子供の面倒をみるとか、いろんなことができるはずだ。そうはいっても実は、ぼくは家に帰っても仕事することも多いのだが、自営業者は皆さん定時作業時間がなく、いつでもどこでも何時まででも自宅でも仕事をしているのが普通だ。それを考えれば会社に勤めるビジネスマンは楽である。甘えずに真剣に仕事時間に仕事に集中してほしい。

このノー残業デー、定着したかに見えるが、油断すると瞬《また》く間に元に戻る。残業が100%無くなるのは難しい。まだまだこの試みは続く。

改善途上の女性キャリア開発

組織がフラットで、年齢や性別、国籍に関係なく公正に評価し、誰でもいつでも自分の考えがあればどんどん発言する。我が社はそんな風土だと思う。

と、建て前は非常に偉そうだが、2009年7月末の執行役員は外国人が3人、女性は一人しかいない。日本国内だけでなく、グローバルナンバーワンを目指すなら、執行役員や部長クラスは半分が女性、半分は外国人という具合にならないと本来のグローバル企業にはなれない。世の中で尊敬される企業になってこそ優秀な人材が集まり、その人たちは年齢、性別、国籍に関係ない。そんな状況を作り出すのが企業の社会的責任であると思う。そのためのキーワードは「ダイバーシティ（多様性）」だ。働き方の多様性を尊重するように人事制度を設計していかなくてはならない。

特に女性には、今でも多くの企業において、目に見えないガラスの障壁のような昇進・昇格上のハンデ、結婚と出産・育児がある。企業側では、それがハンデにならないように対応するべきだと思う。これは単に「期間」の問題であって、一生続くわけではない。出産も一時期であるし、育児も本当に忙しい時期はやはり一時期なのだ。女性でほんとうにキャリアを追求しようと考えたら、家庭とキャリアの追求を両方同時並行でやらねばならなくなる。そのために会社のほうで、特に男性側でこうした事情に理解を示す必要があろう。

だとすると、いつもそうなのだが、「制度をつくれ、制度をつくれ」と声高に叫ぶ人がいる。でも、制度をつくる前提として、女性がほんとうに一生懸命仕事をやっているということと、会社として、あるいは同僚や上司としてその人に便宜を図るということがあって、そんな前例が積み重なって、そのうえで制度をつくらないといけないと思う。

女性にはハンデがあるのだが、その事実に甘えていてはいけないと思う。しかし、女性にはハンデがあるという事実を周りが認識して、例えば結婚して一旦《いったん》退社しても会社にまた復帰ができるとか、ある程度育児期間が終わったら復帰ができるとか、店長としてのキャリアアップが育児をしながらでもできるような仕組みを、やはり一人ひとり個別に考えていって、理解を深めながら前例を積み重ねる。その上で全社的な制度をつくっていかなければならない。

我が社でもそうだが、一般的な小売業では店長同士でよく結婚する。店長同士で結婚すると、大抵は女性が退職する。それも不思議と、女性店長の方が優秀なケースが多いのだ。ということは、その結婚は会社にとっては損失を招く原因となってしまう。非常に残念だし、女性の能力がもったいない。

２００７年12月から我が社では育児・介護休暇制度を改定し、これまで以上に従業員が長期にわたって働き続けられる労働環境を整えた。また、女性店長のキャリア開発のため、個人個人の事情を踏まえつつ長期的な視点でキャリアをつくりあげていくことを目指した「女性店長プロジェクト」を推進している。２００９年7月時点で、全店舗の2割の店舗で女性店長が活躍している。まだまだ発展途上であるし、女性登用の現状に点数をつけると30点程度だと考えている。

合格点にするためにはまず、女性が一人ひとり自分としてはどういうふうにしてほしいかというのを、はっきりと会社か上司に伝えるべきだ。それを言わずに密《ひそ》かに悩んでいる人もいれば、反対に女性問題活動家のように、「会社としては、こういうふうに考えるべきだ」とか、「こんな制度をつくるべき」などと飛躍する人がいる。そんなところが問題なのではないだろうか。まだまだ未熟で改善する余地がある。

もともと店長は店の経営者であり、育成するのはたいへん時間も手間もかかる。土日はお店の繁忙期だが、家庭でも土日は家族で接する大事な日。家庭と仕事を両立しえない土日をどうするか。たとえば、二人店長制度を作って、店長同士で調整し合いどちらかが出てどちらかが休む。あるいは、土日に休める店長をつくる。そんなことに、試行錯誤しながら取り組んでいる。

現在、しっかりした実力を持つ女性店長が徐々に増えてきているのは事実である。先頭を切って進む女性はたいへんだが、見ていると非常にやりがいがあって楽しんでいると思う。

結婚して仕事と家庭生活を両立させ、店長からスーパーバイザーやブロックリーダーになる人が続々出てくる。そして、執行役員や部長クラスの半分くらいが既婚女性という会社になることを期待している。

2005年　新年の抱負　柳井　正

今年の我が社の標語は「第二創業　即断、即決、即実行」です。

1984年にユニクロ1号店をオープンして以来の創業宣言です。

今、我が社はユニクロブームとその反動からようやく正常な状況に戻りました。

まず皆さんに認識していただきたいのは今が普通の状態だということです。

いつも言っていますが、私は「良い会社は急成長して高収益をあげて当然だ。」と考えています。

また良い会社の重要な条件のひとつに即断、即決、即実行があります。

創業をしようと思うと安定巡航時の10倍以上のエネルギーが必要です。

はっきりこの第二創業と即断、即決、即実行を認識していただくためにこれを今年の標語にしました。

皆さんご存知のように英国、中国に続き米国、韓国へのユニクロの進出が決まりました。
またダイエー再生事業にイトーヨーカ堂さんとともに手をあげました。
これは今までの我が社にはなかったことです。

これからの数年は、世界的な規模で新市場への進出、他企業への資本参加、M&A、合弁事業を行っていきます。

これから数年間で、企業数で言えば、現在の10倍くらいの企業グループになっていると思います。

我が社の幹部社員の3分の2以上が企業グループ各社に出向する可能性があり、また現在の3倍くらいの人が新たに我が社に入ってきます。そんな状況になるのではと想像しています。

日本だけでなく世界の流通業、ファッション小売業は未曾有《みぞう》の整理淘汰《とうた》期を迎えています。

このような混乱期は若いやる気のある革新的な考え方の企業にとっては、事業チャンスの大変多い時代です。いよいよ第二創業期の始まりです。

その中で私が気になっていることがあります。それが即断、即決、即実行の欠如です。これは会社経営にとって致命傷になります。特にファッション小売業では毎日、売り場の商品とお客様の動向と市場の変化を敏感に感じ取り、臨機応変に誰よりも速く変えていかないと会社も個人も生き残れません。遅れることは店の経営にとって本当に命取りになります。

いままでに産業界でつぶれていった会社の多くは、そのダメになった理由が自身でよくわかっていない、決めるべきことを決められない、決めても実行できない、等々です。また問題の本質や解決策がわかっていても、ぼんやりやり過ごすと時代遅れの凡庸な会社になります。我が社の最近の傾向をみていると、このことを強く感じます。大事な案件において、結論を出したり実行すべきことがそのまま放置されています。未発見、未判断、未決定、未実行の状態で放置されています。

本当に良いことを提案しても、なかなか実行までに時間がかかります。今の日本や世界の流通業界は本当に乱世です。この中で生き残って飛躍的に成長していこうと思えば誰よりも早く状況の変化を感じて、問題を特定し、的確な判断をし、できることやできる人から実行していかないといけません。

これからは遅い企業は速い企業の餌食《えじき》になります。そんな世の中です。

速い企業には飛躍的な成長ができるチャンスがあります。それもグローバルで成長できるチャンスがあります。日本だけでなく、アジア、アメリカ、ヨーロッパで成長できれば今までの3倍4倍の成長が可能です。

いよいよ、あらゆる産業でグローバルマーケットが見えてきました。先行しているハイテク業界、金融業界、自動車業界と同じような状況が我々の業界にも到来しました。能書きではなく、実際に実行する時です。

私はこのような状況の中で、店舗の皆さんにぜひお願いしたいことがあります。それは、現状での問題点をもっと速く、もっと多く発見して、サポートセンターに問題提起を気軽にしてもらうことです。もともとサポートセンターは、お客様と店舗のためのサポートセンターです。

サポートできないサポートセンターには存在意義がありません。

「ここが問題だから、これをサポートしてくれ」とはっきり言ってください。

現実は、そのようには機能していないと痛切に感じています。それは私を初め各経営幹部の責任が大です。経営幹部の方にお願いしたいのは「あらゆる問題をもっと速く痛切に感じていただき即断、即決、即実行をしてください」ということです。

そして今は第二の創業期です。
創業には企業を継続安定させるエネルギーの10倍以上のエネルギーが必要です。
我が社の経営幹部全員が鋭い感受性と高いエネルギーを持たなければなりません。
私は経営幹部全員にそれを要求します。

第3章　「成功」は捨て去れ

再強化・再成長のための3つのエンジン

ユニクロ事業の構造改革、つまりユニクロ事業の再強化、再成長に当たって、3つの成長エンジンが必要であると考えた。組織開発、立地・業態開発、商品開発の3つである。

店舗のグローバル展開を徐々に始めてわかったことは、我々の強みが何で、弱みが何かということ。また、世界で1位になるためには、日本で断トツの1位にならなければいけないということ。そして、世界で評価されることを日本でももっと評価してもらわなければならないということである。

日本で断トツの1位になるということが、仮に世界で評価されるための通過点だとすると、世界に評価される商品をもっと磨かないといけない。ユニクロを強化するということは、ユニクロ自体が既存のお客様以上に新規のお客様に評価されるということを意味する。

例えば、今までユニクロで買ったことのない顧客層、あるいは買ったことはあるが、1点だけしか買ったことのない人たちに2点とか3点買っていただく。そのために250坪の標準店を500坪以上の大型店につくり替えていく。今もH&M、ZARA、FOREVER21などの海外のアパレルチェーン店がこぞって日本に進出して来て、国内でそれらと戦わねばならないのも、大型店舗化への要因のひとつだ。

東京の都心部へ大型店を出店する。また、全国各地の郊外のショッピングセンターにも大型店を出す。それにより客層の広がりを求めていく。老いも若きも、男性も女性も、家族連れもカップルも、もちろん一人でも、あらゆる客層の方々に入店してもらいたい。

別の側面から、客層の広がりを求めるということを考えると、商品力の強化、とくにウィメンズ商品の強化が重要になる。我々はもともとメンズショップ出身なので、ウィメンズ商品が弱い。他のカジュアルウェア小売業は圧倒的にウィメンズの売上高構成比率がメンズより高いのに、我が社は逆の構造となっている。改革する余地は大いにあると考えている。

素材を生かした商品開発

商品を開発するにあたって、お客様への訴求ポイントとしては「低価格」ということが一番分かりやすいが、それ以外の要因にはどのようなものがあるだろうか。

もちろん、洋服なのでデザイン、色や柄、素材、付属品、縫製・染め・織などの品質、それぞれの因子が考えられ、すべて重視しているが、我が社では特に素材を重視している。何年も前から注目してきたのは素材の機能面の開発だ。

いろんな繊維メーカーさんとコンタクトしているが、なかでも東レさんとは2006年6月に戦略的パートナーシップ構築を発表し、素材の共同開発をさせていただいている。ユニクロは日本の新しい会社だ。その日本のメーカーの製造技術の確かさ素晴らしさを世界中の人々に知ってもらいたいと考えるのは当然のことである。

実は最初に東レさんに取引をお願いしに行ったのは1998年のことで、こちらは若輩企業で異端児、あちらは繊維産業の王者。どう考えても相手にされそうにない。ただ、当時の前田勝之助《かつのすけ》会長に「当社とチームを組んで素材開発をお願いします」と直訴しに行ったら、我々を伸びる可能性のある企業だと評価してくれて、GO（グローバルオペレーション）推進室でフリースの原材料を開発してくれることになった。

前田会長は当時の経済雑誌に「繊維産業はグローバルビジネスとして、まだまだ発展する余地がある」ということを書かれていた。僭越《せんえつ》ながら、ぼくも同じ思いだった。現在、東レさんのなかにはユニクロ向け単独の開発チームをつくっていただいている。

1998年秋冬以降、爆発的に売れ日本中にブームを巻き起こしたフリースは、元々がアウトドア用、特に登山着として知られていた素材だ。それも色が赤とかダークグリーンとかしかなく、主に防寒着でファッションとは縁遠い代物《しろもの》だった。それを原宿というファッションの中心地で、徹底的にカラーを取りそろえて、プライスも1900円に統一して、フリースを大々的に売り始めた。

原宿にはあらゆるお店があって、あらゆる商品が並んでいるので、我々はどのような商品を売ったらお客様に喜んでもらえるか、驚いて買っていただけるかを徹底的に考えた。ただの防寒着ではなく、ファッション性豊かで、安価で提供できるものは何か。その結果がフリースだった。登山着専用だったものをカジュアルウェアに転用したのがコロンブスの卵なのかもしれない。一時、ユニクロ原宿店はフリース専門店と思われていたようだ。

なぜヒートテックは大ヒットしたか

2007、2008年秋冬に大ヒットしたヒートテックも面白い素材だ。

それまでもヒートテックに似た素材は、冬のスポーツ用肌着として、主にスポーツ用品店などで販売されていた。肌着1着が3、4000円する割には、ごわごわしていて着心地が悪く、どうにもファッション性がない。熟年男性が冬にゴルフをする際に、防寒対策として身に着けるもの。そんなイメージだった。

このあまり注目されていなかった素材を、もっと薄くするなどして着心地を改善し、発色性をよくしてファッショナブルにする。保温性を高めるだけではなく、そこに保湿機能を加えて肌が乾燥しないようにしたらどうだろう。しかも、それでいてあらゆるお客様が買える価格にする。そんな開発過程を経て、現在のヒートテックが完成した。

簡単に説明したが、開発には実は相当な年数がかかっている。1999年くらいから「あったかい下着を作ろう。どうせやるなら、今までにない下着を作ろう！」ということで取り組み始め、少しずつ少しずつ完成度が上がっていったのだ。その結果、4年間で6450万枚の大ヒット商品となった。

常識的な人であれば、既存のこの商品はスポーツ関連用品だと考えて、たとえば全国で5万点とか10万点は売れるだろうと考える。でもぼくらは、そんな常識にはとらわれない。この商品の用途そのものを変え、いろんな付加価値をつけたら、ひょっとしたら500万点とか1000万点売れるのではないかと考えるのだ。

ちょっとした考え方の違いが、商品の可能性を大きく広げる。この商品は大化けする可能性があるのではないかと、初めから熱意を持って取りかからないといけない。毎日毎日、商品の売れ方を見ていって、そう思える商品に出会ったら、大量に作る体制と広告宣伝をどう重点的にやっていくかを考えて実行するのだ。

ヒートテックは、スポーツ用途の肌着をファッションウェアに変えたものだ。女性のお客様にとっては、かつてのババシャツの改良品だと考えて頂ければいい。従来のように下着として着ても結構だし、保温性が高いので、その上にセーターや上着を1枚羽織るだけでもいい。2枚を重ねて着る方法だってある。きれいな色、きれいなシルエットで、非常におしゃれな服になった。

実は、これを最初に評価してくれたのは、各ファッション雑誌の編集長さんたちである。自分で買って着てみて、「これはすばらしい製品ですね」と仰《おっしゃ》っていただいた。この評価は何よりうれしかった。

アウターへと変貌《へんぼう》したブラトップ

同じく2008年春夏に大ヒットしたブラトップも、改良に改良を重ねていった商品だ。原型は04年から発売していたが、当初はインナーとしての性格が強かった。05年に女性の間でキャミソールをアウターとして着るファッションが流行し始める。ユニクロのウィメンズMD部はそこに注目して商品開発をすることにし、専門のチームを作った。

ブラトップは、キャミソールやタンクトップにブラジャーのカップをつけた商品だが、胸のパッドを立体的なカップに替えたり、カップが黄変しやすい難点を克服し、淡い色の商品展開を可能にした。つまり、インナーだったブラトップがアウターへと変貌を遂げたのだ。使う側の女性視点で開発された商品の勝利と言えるかもしれない。

2008年末までの3年間で680万枚を売り上げた。

今後も我々は、世界一の技術力をもつ東レさんなどと組んで技術力を活《い》かしつつ、着心地のよさ、風合い、適度なファッション性を入れ込んで、高機能で高品質、おまけに手ごろな価格のカジュアルウェアを作り続けていくつもりだ。本当に良い服を作れば、世界中のあらゆる人々に買って着ていただけると考えている。

単なる異端か、それとも脅威か

東レさんとのお付き合いが始まってしばらくした頃、こんな噂話《うわさばなし》が伝わってきた。「なんで東レさんは、ユニクロなんかと商売するのですか?」と、大手アパレルの会長が東レの社長あてに文句を言いに行ったというのだ。

普通なら、「ユニクロなどというあんなちっぽけな会社が東レさんと取引できるはずがない」「放っておけ」ということになるのだろうが、大手アパレルのその会長は我が社を「脅威」と考えたのだろうか。

最初は苦労の連続だったが、取引してくれる中国の生産委託工場が少しずつ増え、間に問屋や商社が入らずにダイレクトに商売のサイクルを回してきた。その分、圧倒的に安く生産できる。自分たちの仕様で発注し、リスクを全部こちらでとって、生産管理も自分たちでやる。できた商品をお客様に売って、お客様からの反応を直接工場に伝える。

今までのアパレル小売業の常識、つまり、小売業者と生産工場の間にいくつもの会社が介在して利益を分かち合ってきたことからすると、我が社はまったくの異端、アウトサイダーだと考えられてもおかしくない。それがフリースの爆発的な売上のおかげで他の商品も軌道に乗り、品質も高まっていった。売上高も数百億円が１０００億円、２０００億円、４０００億円と倍々に増えていく。

普通の人なら異常な増え方だと考えるだろう。「このまま伸び続けることはあり得ない」「絶対に危うい」と思うか、このままの勢いでいったら「うちが飲み込まれるのではないか？」と思うか。先ほどの大手アパレル会長は後者で、異端が脅威に映った瞬間だったのかもしれない。

先入観が自らの壁を作る

もともと繊維業界は非常に保守的で、業界の常識にとらわれて産業構造そのものを変革しようとせず、どの会社も年功序列で、まったく実力主義とは程遠い。そのなかで急成長してきた我が社は、完全実力主義で、欧米企業のように感じて中途入社してきてくれた人は多い。繊維業界でなくてもそういう古さを残した産業は数知れない。

業界全体に古さが色濃く残っているのは、日本だけに限らない。

まずは国内で衣料品業界全体を見回すと、あなたの業界は実用衣料ですね、とか、ファッション業界、スポーツウェア業界などと、しきりに色をつけたがる。同じ衣料品に違いないのに、である。これはアメリカでもヨーロッパでも同じことが言える。

我々がヒートテックを欧米で売ろうとすると、あんなスポーツ店で売られているようなファッション性のないものを、なぜ売ろうとするのかと現地の人に言われる。商品の本質、機能性を重視した高い商品価値を理解していない。イメージだけで判断しがちなのだ。フリースを売り出した時も同じような反応だった。「あなたたちは登山とかアウトドアのメーカーなのですか」と言われた記憶がある。

そのような感覚は、業界内の最先端を行っているような人でもありがちだ。合繊は良くなくて、天然素材が良い、などという思い込みが強くて、フリースを見ずに「そんな商品は売れない」「欲しくない」と拒否する。日本の工業製品の技術力の高さは世界一である。繊維技術もそうであるにもかかわらず、自分たちで壁を作り、先入観を持ったままなのだ。だから、なかなか活発な商品化が進まず、商品化されても少量生産なのでコストが高いままだったりする。

　こうした壁を取り払えば、どんなにか世界が広がるのにと残念に思う。

変わりゆくSPA

　人は商品そのものを買うと同時に、商品のイメージや商品に付随する情報価値を買っている。例えば、ペットボトルの水を買うとしたら、普通の水なら買わないと思うが、エビアンという銘柄ならその背景に、フランスを中心としてヨーロッパで、すばらしい水としてよく売れているということがあって、初めて買う。そういう情報価値を商品とともに届けるというようなことが、相対的に小売業では少ないのではないかと思う。我々は服の小売業、とくにアパレル製造小売業（SPA）として、そういう情報発信をやっていこうと考えた。

　SPAは現在までに時代の変化とともに進化を遂げてきた。ぼくは勝手に、第一世代から第三世代まで、世代ごとに機能が異なってきたと考えている。

　第一世代のSPAは、GAPやLIMITEDだ。当初はスポーツウェアの単品の組み合わせのような商品が多く、それがカジュアルウェアとして一般化していった。

第二世代では、そこにファッションの要素を取り入れて服を作った。ZARAやH&Mがそれに当たる。

ぼくはファッションだけが服を買う理由ではないと思っている。機能や素材、着心地、シルエットなど、その服の持つ情報そのものを、商品と一緒に伝えて買っていただく。あるいは上下の組み合わせのスタイリングといったことかもしれないが、そのようなメッセージを発信していくことで商品を売っていく。

商品そのものがいいということと、その商品の持つ情報が自分にとって有益だと思えること、そこに、広告などで伝わる商品のイメージが加わる。そして、そこにいたる大前提として、まずユニクロという企業の「生き方」を理解してもらい、ユニクロだから買いに行こうと思ってもらう。我々のように、いろんな意味の情報を商品と同時に伝えるSPAを、第三世代SPAと名付けた。

たとえば、ある和菓子屋があって、その店頭に大福が2種類並んでいたとしよう。両方とも同じ150円なのだけれど、片方の大福の後ろには色紙が置いてあり、何やら書いてある。誕生秘話や伝統ある作り方、厳選された材料など、いろいろな能書きが並んでいる。もう片方の大福には、値札以外に何もない。さて、どちらの大福が売れるかというと、当然、前者の能書き、いや付加価値情報がついていたほうの商品が早く売れるのだ。

第三世代のSPAを目指す

今まで洋服は、ファッションと同じ意味でとらえられてきた。特にアパレル業界の人々は全員がそうだと思うが、「洋服＝ファッション」だと思っている。いま流行《はや》っているH&MやZARAなどは、ファッションそのものを届ける会社だ。いま流行っている新しいファッションをいかに早く安価で提供するかがミッション。ファッションが好きな人だったらいいけれども、洋服はファッションの側面だけで評価されるものではないと思う。

たとえば我々が重視しているように、洋服には機能性の側面がある。ヒートテックなら「暖かい」とか、ドライなら「夏を快適に過ごせる」といったことだ。機能以外にも、着心地とか風合い、肌触りなど、いろいろな売れる要素がある。

ただし、そうした売れる要素は情報としてお客様に伝わらない限り、お客様も認識できない。我々はそれをお客様のニーズとしてとらえ、商品開発するとともに売れる理由、買う理由を伝えて売り込んでいく。

世の中には毎日毎日いろいろな商品が登場し、毎日毎日死んでいっている。お客様に買っていただけるのは、ほんの一握りの商品である。そんな状況下で、我々としては「これが良い商品ですよ」ということを情報発信する。そして、情報がお客様の心に響く。我が社は、こういったことができる小売業にならないといけないのだ。

それができるのはSPAしかありえない。

顧客ニーズを本当につかんで自分自身で企画し、商品開発を行い、タイムリーなマーケティングとともにお客様に商品の良さを伝えて、自分自身の手で売っていく。SPAであれば、このワンサイクルを回しているなかで、商品の背景を立体的にお客様に説明することができるのである。

しかし、それがメーカーであれば、小売店に商品を渡すだけで、どんな宣伝をして、どこの売り場でどういう状況で売られているのかをよく知らない。我々のようなSPAであれば、自信があって作った商品やお客様にとってメリットのある商品、ニーズを満たせると考える商品に関して、それぞれの特徴を価値ある情報として発信することが可能だ。それがぼくの言う「第三世代SPA」である。これは日本でも、世界中のどこでも通用する考え方だと思う。

思い起こしてみると、洋服以外の商品や製品では、機能や特徴、付加価値などの特有な情報を普通のように消費者に伝えている。洋服の場合はそうではなく、最近の流行などのファッションについてしか情報発信していない。それはおかしいとぼくは思う。

そもそもトータルな洋服は、お客様が時と場所と機会に合わせてご自分の趣味と気分で選択するものだ。我々が提供できるのは、そのトータルな洋服のなかの部品として完成した洋服である。単品としての完成度を上げるため、ファッションを加味して、機能や品質などのあらゆる要素を入れて、なるべく安価で提供し、お客様に満足していただけるようにしなくてはならない。それを、１枚ではなく、できれば何枚も買っていただければそれに越したことはない。

たとえばヒートテックであれば、２００７年秋冬に放映したテレビコマーシャルに「ヒートテックインナー 雪の駅編」というのがある。俳優の松田龍平《りゅうへい》さんが駅員役で、出勤しようとしていたときに奥さんに「今日は寒いから、穿《は》いてきなよ」と、ヒートテックのタイツを薦められる。最初は「ありえない」と断ったものの無理やり穿かされ、駅のホームに立った時、松田龍平さんがパンツのお尻《しり》を触りながら「ありえるわ……」とつぶやく。カッコいい俳優の「穿いたら寒くなくて快適だ」という実感がこもったＣＭだったので、多くの人に商品の良さが伝わったと思う。

事実、ヒートテックのTシャツであれば、冬でも、それを1枚着て、上着を羽織っただけで寒くない。大丈夫なのだ。その年の11月中旬には欠品を起こし、12月初旬には当初販売予定の数量（工場の生産キャパシティ）まで売り切れてしまったので、お詫《わ》び広告を出した。その時点までで2800万枚売れ、まさに大ヒットとなった。

理論・分析だけで売れる商品はつくれない

人が物を買う行動を起こすのは、その人の感情と条件反射によっているのではないかと考えている。

初めて店頭で商品を見て、直感的に「これは自分にとっていい商品だ」と思うことがよくある。続いて「この商品を買おう」となる。なぜこの商品を好きになったのか、なぜ買う気になったかを、買ったあとで分析することはできる。これを売る側から見たとき、いろんな要素（色、柄、デザイン、素材、機能、縫製品質、価格、着心地、風合い等）があるなかで、何が売れる要素なのかを突き止めるのは難しく、この要素がそろっていれば確実に売れるということもないと思う。つまり、分析結果を使って、売れることを再現するのは容易なことではないのだ。

人が人を好きになるのに理由はない。感情のなせる業《わざ》である。好きになった理由を並べて誰かほかの人が同じように振る舞ったからといって、その人に好かれるかどうかは分からない。

買っていただいた後に、売れる（売れた）要素を分析するのは容易だが、買う（買っていただく）前に、つまり商品を企画する段階で、売れる要素を予測するのは不可能なのである。

ただし、ほんとうによく市場を見ていて、お客様の心理を読み、我々の能力を考えながら、ピンポイントにここが売れる要素だというところを突くことができれば、常に売れる商品がつくれるかもしれない。しかし現実には、そういう売れるスイートスポットのようなものがどこにあるかというのは、発見する法則もないし、したがって教えることもできない。だから毎日のように周到に、MDやR&Dやマーケティングの人たちといろんな問答を繰り返しているのだ。たいへんな努力、改良につぐ改良や試行錯誤を繰り返さなければ売れる商品はつくれない。

たぶん、科学的・分析的なアプローチと、アートに近い感覚的アプローチの2つがあって、それが融合するとよい商品ができるのではないだろうか。どちらか片一方がなくなったら成立しないが、どちらかといえばアートに重きがあると思う。理論的・

分析的なアプローチだけに頼って商品開発をしても、売れる商品ができあがるとは考えられない。

また仮に、売れる要素が分かって商品開発しても、お客様にとって同じ状況や生活環境というのはほとんどないので、テレビのＣＭとか、新聞広告とか、売り場の展開方法などでお客様を説得しないと、やはり売れないのだ。

成功の方程式など存在しない

周りの人たちから見ると、ぼくの経営のやり方は非常に客観的で論理的な感じがする、とよく言われる。だが実は、自分ではまったく反対に、感覚的で直感的な言動や意思決定が多いと思っている。

しかしそうはいっても経営の実践では、感覚的・直感的だけに偏《かたよ》っていては失敗するので、物事を論理的に進めたり指示したりする必要があると思い、いちいちいろんな理屈や理由を付け加えている。だが、それを言いながら「本当にそうかなぁ……」と思っている別の自分が傍らにいる。まあ、人間はそんな矛盾を抱えつつ、それらをどこかで調和させながら意思決定し「経営していく」、広い意味から言うと、「生きていく」ものなのだろう。

会社のなかの組織や仕組みも似たようなところがある。

ユニクロは、何もかもが論理的に組み立てられ、筋書きがあって、遠目に見渡せる何か方程式のようなものに基づいて戦略や戦術が進んでいるのではないか。外部からはそう見えるらしい。

だが、まったくそんなことはなくて、どこの会社にもあるように、論理的・分析的に言葉では明確に伝えられないもの、経営学者の言う「暗黙知」のようなものは、ぼくと現場の人たちが実体験を共有したり議論することによって、はじめてその真意が伝わる。そういうことを大事に考えている。一種、徒弟制度のようなものかもしれない。

仮に成功の方程式のようなものがあって、あらゆる現象を分析してそれを作れたとしても、一瞬の間に周りの状況が変わるので、その方程式もすぐに使い物にならなくなる。つねに現実で起きていることを自分の感性で見て判断し、かつ論理的・分析的に進める。その2つの総和と統合が必要なのだ。

我が社には、成功の方程式なるものはまったくないばかりか、現場主義を徹底的に磨きこむという地道な作業が尊ばれる。社員ひとりひとりがもっとよく深く考えて、すぐに実行していくという経験値の積み重ねのようなものが、現状のブレークスルーにつながっていく。

よく、机上の空論で、いろいろなことを分析したり論理的に考えたりするけれども、それが上滑りすると、結局ブレークスルーはしない。感情の生き物としての人間である社員が、苦しんで、苦しんで、苦しんで、その挙句に最終的にやっとブレークスルーするものなのだ。

今までのヒット商品も、お客様の反応、売り場の社員や店長の意見、雑誌の編集者の口コミなどちょっとしたことがきっかけで生まれ、その商品が翌年改良されて販売され、そのまた翌年にもっと改良されて販売されてヒットにつながっている。

現在の多くの小売業は自分で商品を作っていないので、そういうことよりも自分たちのアイデアを押し付け「こんな風な商品を作ってきて！」とメーカーさんに指示するだけなので、長続きしないし、自分たちにノウハウは貯《た》まらない。それでは成功は継続しない。

論理的思考と肌感覚

商売するうえで、お客様を常に観察するということは非常に大事なことだ。観察するとデータが作れる。つまり数値化できる。何か手を打つと、その数値が変わるから、手を打ったことが正しかったかどうか証明できるのだ。ただし、それだけでもいけない。

実は、実際の商売人はそれを肌で感じないといけないのだ。数値化する以前に何かを感じ取れるはず。数字以上のものを感じるべきなのだ。

たとえば、今までずっと売れていた商品の売上が少しでもダウンしたら、半年後には全く売れなくなるのではないかとか、普通の商品であれば徐々に売れるのに新商品が出たとたんに爆発的に売れたら、これはひょっとして何百万点も売れる可能性があるのではないかと、直感的に思うべきだ。

数値だけで論理的に考えると、その後の方策を間違えることがある。確かに論理的な考えも大事だが、商売人はまず肌で感じないといけない。論理的に考えると数値だけで予想するようになる。でもそれをやると見方が偏るために、間違えやすいのだ。

ぼくは毎週、単品表というのを全部見て、この商品はこうだからこういうふうに売るべきだと考える。と同時に、実際に売り場へ行って、この商品は売れていて、こちらの商品は売れていないなどの現状を肌で感じるようにしている。論理的な数値管理と現場での肌感覚、その両方が商売には必要で、どちらが欠けてもダメである。

ユニクロ出店戦略の転換

現在、我々が東京の都心部で出店場所を探していると、日本企業でバッティングするところは1社もなくて、すべて相手は外資系企業。H&M、ZARA、GAP、NIKE、adidas、PRADA、GIORGIO ARMANI、PUMA、FOREVER21などと店舗立地をめぐって競っている。

結果的に、その場所を本当に取りに行ける会社同士、本物の競合相手同士が生き残っていく。とすれば、出店場所競争の土俵にあがらない限り、生き残ることはできないと考えるべきだ。

我が社は、ニューヨーク、ロンドン、上海《シャンハイ》に店舗をつくって、今後も世界中にフラッグシップショップをつくっていくつもりだ。ユニクロ海外事業はやっと黒字転換を果たしたものの、まだ儲《もう》かっているというほどではない。ブランドとしての存在感をグローバルにアピールしていかないと、日本でも存続は難しくなる。

今後の店舗展開は、売り場面積200〜250坪の標準店から500坪以上の大型店化に軸足を移す。従来の郊外型の標準店舗だけでは、すでに国内市場での飽和は目に見えているためだ。それゆえ出店戦略の転換を図り、すでに述べた大型店化と同時に、小型店や専門店の出店も行っていく。専門店については、キッズやウィメンズの専門店、「BODY by UNIQLO」という女性下着の専門店などであるが、ある程度出店ののち現在は閉店したものの、将来的に再出店を考える余地もあるだろう。

大型店と小型店ともに、今後の出店対象は人口100万人以上の大都市である。2009年7月時点で国内に752店あるユニクロを、約3年間で900〜1000店程度にしたいと考えている。

小型店出店で言えば、JRの駅構内いわゆる「エキナカ」とか空港の中に、10坪にも満たないような小さな店舗も出している。実際にJR渋谷駅構内の店舗は6坪しかない。

人通りの多い、誰にでも便利な場所に出店したいし、小さくてもお客様との接点のあらゆる場所にユニクロがある。そういうことも良いことなのではないか。そんな思いから、小さな店舗では「便利さ」の面から品ぞろえを考えて出店している。この小さな店舗の売上の坪効率は極めて高い。

最近、大きなターミナル駅の構内や駅に直結している場所に大きな書店が増えている。それにキヨスクのような大きさの駅構内の小さな書店も見かけるようになった。それらと同じで、ぼくらも人の集まる駅に焦点を当てて、出店開発していきたいと考えている。

初の大型店を心斎橋に

2004年10月9日、大阪府大阪市に「ユニクロプラス心斎橋筋店」をオープンした。650坪の大型店舗の設計は、ニューヨークで活躍する建築デザインユニットLOT-EK（ローテック）を起用した。ユニクロ初の500坪レベルの大型店である。当時は「ユニクロプラス」という店名でスタートした。

従来の標準店舗（200坪）よりずっと大型で、都心の衣料品専門店や百貨店に対抗できる売り場作りを目指した。VMD（ビジュアル・マーチャンダイジング）による商品の見せ方の違いを鮮明にし、ベーシックに偏り過ぎずファッション要素を入れた商品を投入し、ウィメンズ商品の比率も増やした。

今までユニクロはロードサイド主体の店舗網だったのが、日本全国どこに住んでいるお客様にでも売れ、しかも銀座とか心斎橋のような繁華街に大型店をつくって売っていく。そういう業態に変わろうとしていたのだ。

一番最初の大型店なので、それをユニクロ店と名付けたら、今までのユニクロ店と同じだと勘違いされる。そこで最初のうち何店舗かは「ユニクロプラス」でいくことにした。しかし、いずれはユニクロそのものを大型化していく必要があったので、ユニクロプラスの店舗名は最初の数店舗だけで止《や》め、以後はどの大型店もユニクロで統一した。

第１章で触れた「ユニクロは、低価格をやめます。」宣言を、繁華街への大型店出店とほぼ同時に行った意味は大きい。単に安いだけではなく、「商品の品質が高い企業になります」、あるいは「すでになっています」ということを伝えたかったのだ。

百貨店のシェアを奪い続ける洋服ＳＰＡ

欧米においてH&MやZARAが急成長できたのは、特にヨーロッパの大都市で百貨店、量販店、スーパーマーケットの衣料品販売の需要を根こそぎ奪ったからだ、とぼくは考えている。H&MやZARAの店舗の多くは１０００坪クラスの大型店舗なのだ。彼らの先例に学んで、ユニクロも大規模化していかないとこの戦いには勝てない。

洋服のＳＰＡが百貨店などのシェアを世界中で奪っている。そんな中で我々が、従来のロードサイドの標準店を中心に経営を続けても限界があり、ブランドにはなり得ない。都心部への大型店出店は必然だったということだ。

１９９０年代の後半、８月初旬にバルセロナを家族旅行で訪れたことがある。日本以上に暑い日差しのなか町を歩いていると、百貨店の袋を提げている人をほとんど見なかった。代わりに、ZARAの袋ばかり見かける。それだけでなく、その時点でZARAの店舗で売られているのはほとんど秋冬物だった。シーズンの切り替えがあまりに早いのに驚き、本拠地とはいえ、バルセロナの都心部にこれだけZARAグループの店舗が多く集中的に出店されているのを見て驚いた。急成長している理由はこういうことだったのかと体感した。

ユニクロも都心部に大型店舗を出店し、ファッションセンスのある商品を作り、シーズンごとの商品切り替えをもっともっと早くやる必要がある。

売り場でお客様を説得する

従来のユニクロのイメージは、立地はロードサイド、倉庫型店舗に洋服の単品が集積していて、近隣に配布された新聞折り込みのチラシを見たお客様が、車に乗ってきて必要な商品だけを買って帰る、いわゆる目的買いが多い。その周辺に住んでいる人々の環境はほとんど同じなので、似たような商品がよく売れる。

都心部の街の中心にある店舗ではそうはいかない。

心斎橋や銀座などでは、街に遊びに来ている人がうちの店にふらっとやって来て、「この商品、買いたいな」と思ってもらえるようにしないといけない。つまり、一種の衝動買いである。これまでのような目的買いのお客様を想定した、商品ごとにただ積んであるような単品集積スタイルだけではだめなのだ。

今までは単品ごとに買っていただく工夫をしてきたが、今後は、マネキンに着せて商品ごとの組み合わせを見せる、つまりコーディネートで売る工夫とか、商品の機能的な特徴など優れた面の情報表示や発信をして、売り場でお客様を説得すべきである。その店に行ったら楽しいという要素もあるけれども、それ以上に、その商品を見たとたん、「あっ、これは自分が欲しかった商品だ!」とその場で思ってもらわなければならない。

目的買い以外で、店舗にふらっと立ち寄られるお客様のほとんどは、ひょっとしたら自分が欲しい商品があるのではないか、ということを期待しているのだが、具体的なイメージは持っていない。店内を1周してみて、立ち止まり、「この商品が欲しかったんだ！」とわかる。そんな風に思ってもらわないといけないし、我が社としては「この商品こそ本当に売りたい商品なのです」というのをアピールしなければならない。郊外店のお客様のようにチラシを見てきたわけではないので、そうしないと売れないのだ。

そうした売り場が必要となると、やはりＶＭＤや店舗づくりがより大切になってくる。売り場を見たお客様に「ああ、これはかっこいいスタイルだな」と思ってもらわないといけない。ただ都心部の店舗だと、お客様が大きい買い物袋を持ってブラブラ歩くのを好まず、なかなか多くの枚数を買っていただけない。これも商売の難しいところだ。

ロードサイドでも繁華街の大型店のどちらでも、同じように商品が売れる。日本中どの店舗でも売れて初めて国民ブランドと言え、そうなってこそグローバル展開も成功する。

２００４年10月に心斎橋筋店を作り、翌05年10月に銀座店、06年11月にニューヨークのソーホー地区にグローバル旗艦店をオープンし、07年11月にロンドンにもグローバル旗艦店を作った。日本国内には、大型店を最終的に200店舗作ろうと考えている。

チラシはお客様へのラブレター

先ほどチラシの話が出たが、ユニクロの成長過程と新聞折り込みチラシは切っても切れない深いつながりがある。1984年6月に広島市袋町にユニクロ第1号店をオープンしたときから、ユニクロの販売促進方法の中心はチラシだった。

ユニクロの標準店を売り場面積200坪のロードサイドの郊外型店と決めて、年間30店舗ずつ出店し、3年後には100店舗を超えるのでそこで株式を上場したいと宣言した1991年9月の時点でも、チラシは最重要販促物であった。そして、国内・海外合わせてユニクロだけで八百数十店舗ある現在に至っても、チラシの重要さは変わらない。

郊外型店舗の場合には、自宅でチラシを見てこられて目的買いをするお客様が多い。都心型店舗の場合には、目的も無しにふらっと立ち寄られるとか、銀座に行ったら必ず寄ってみようかとか、テレビコマーシャルや新聞広告などを見られたお客様が自ら得たイメージで来店されることもあり、多種多様だ。

チラシとテレビ・新聞の宣伝広告との違いを、ぼくはこのように考えている。チラシというのは、具体的な商品を売るための「号外」だと思う。その当日、あるいはその2、3日後までの期間限定の宣伝広告物である。普通は、土日にしか効果がない。この日に我々の店に来たらこんないい商品がありますよ、こんな商品がお買い得ですよ、という知らせだ。チラシは「お客様へのラブレター」と考えれば分かりやすい。

ラブレターということは、お客様の立場を知り、お客様の心理をつかんでいないとダメ。そうでないと、お客様のほうは、そのチラシを見てわざわざ店まで行ってみようとは思わない。だからチラシを見て足を運んでみようと思わせるような、ワクワクするようなチラシにしないとお客様は絶対にやって来てくれない。

ただ、チラシは本質的には号外なので、チラシで商品や店舗のイメージを上げようとか、チラシで何か特別なことをしてやろうと思ってもうまくはいかない。

ぼくはチラシを24歳のときから作り始め、通算で36年間ほど作っていることになる。いろいろ経験して、チラシはこういうものだとわかった結論がそれだ。一時は、町のミニコミ風に作ってみたり、イメージを上げようと思ってやってみたりしたが、商品販売のための号外以上にはならないのだ。ほんとうにお客様の心理を突いていないと失敗するということと、毎週チラシを打つので、飽きないようにしなくてはならないのがコツである。

一方の新聞広告やテレビコマーシャルというのは、たった1つの商品のアピールか企業イメージのアピール、またはその共存だ。

プラスになった銀座への出店

当初は、最初から旗艦店を国内に作るなら「まずは銀座」と考えていたが、賃料が高いだけでなかなか良い物件が見つからず、心斎橋の物件がたまたま早かった。その後、非常に良いタイミングで銀座のワシントン靴店さんと交渉できることとなった。何度もお願いして貸していただいた。運も味方してくれたかもしれない。

今まで我々の店と「銀座」とは全く関係ない、と一般的には思われていた。銀座というのはやはり日本のファッション界をリードする街、良い商品が集まる場所の象徴である。そこに出店するということは、ユニクロのイメージアップにつながるはずだ。ただ賃料が非常に高いので、普通に考えたら採算は合わない。しかし、それでも借りないといけない。我々が日本を代表するブランド、それとともにグローバルブランドになるためには銀座は必要不可欠な立地だった。

ただし、矛盾しているようだが、「宣伝価値があるのであれば、赤字になってもいい」と考えるのはダメである。お店を出している以上、損をしてはいけないし、少しでも収益を上げ、徐々に利益もアップさせていく必要がある。

鶏と卵のような関係だが、都心に出店できるような高い販売効率を上げないといけないし、そもそも、利益が出る店舗を都心に出店できないようでは、ブランドになり得ないのではないだろうか。そうした意味でも、銀座店出店は我々にとってこの上ないプラスになった。

ちなみにユニクロ銀座店の設計は、フランスの会社3社と日本の会社3社によるコンペを実施し、その結果、クライン・ダイサム・アーキテクツ（ＫＤａ）に決まった。ＫＤａは東京にある国際的にも知名度の高い建築設計事務所である。

また大型店への移行は、今までユニクロに来られたことのない人たちにもお客様になってもらおう、今までのユニクロの商品で満たされない需要も汲《く》み上げていこう、という狙《ねら》いもある。その中心はウィメンズである。当社はもともとメンズショップ出身なので、男性の服は強い。裏返せばウィメンズは弱いということ。我が社の最重要課題は、以前からずっとウィメンズなのである。

苦労した繁華街での商売

大型店に移行する前の段階で、繁華街の商売には苦労した。繁華街の商売は、やはり郊外型店とは違う。郊外型店であれば来店した方の6、7割のお客様が買っていってくれるのに、繁華街の店、たとえば原宿店では2割の方しか買っていってくれない。靴下やハンカチしか買っていかれないお客様も多い。

そして結果的に買われなかったけれど、お客様は商品を丹念にご覧になり、そのままの状態に放置されるので、商品整理のためには郊外型店より人手が多く必要だったりする。店員が一生懸命に商品整理している横で、お客様が来られて、いろんな商品を手当たり次第に広げたまま、別の売り場に行かれる。半端《はんぱ》ではない数量の商品を、改めて畳み直さねばならないことが多いのだ。

繁華街の店舗だと、普段はあまりユニクロに来たことのないお客様が来られる。あまり来店されないお客様が、もし商品を買う気になったとしたらどうされるか。隅から隅まで全部見て、商品を探しだす。お客様はお金を払うことに対してそれだけ慎重、あるいは真剣なのだ。購買のための商品選びと商品整理との止めどなき戦い。これは小売業の宿命なのだろう。

繁華街の商売には慣れていなかったが、何人もの店長たちが努力して実際購買客数などの推移を客観的に観察・分析してくれたお陰で、商売のやり方も徐々に進歩していった。特に、原宿店店長をやってくれた小野口悟《さとし》君（現・ユニクロ・シンガポール・プライベート・リミテッド マネージング・ディレクター）やそれに続く人たちの改善努力があって、次の段階の大型店である銀座店、ニューヨーク店のオープンにつながったのだ。

売れる店の店長ほど錯覚する

店長として、よく売れている店舗だけに勤務していると、商品というのはどんどん勝手に売れていくのだと誤解してしまうことがよくある。

「ぜんぜん売れない」という経験をしないと、商品は陳列しておけば勝手に売れていくものと錯覚する。小売業では、繁盛《はんじょう》店が繁盛店としてあまり長く続かないというのは、売れていると何も努力しなくても売れるのではないかと錯覚し、何もせず今のままでいと思ってしまうのが原因なのである。

しかし、お客様の感覚は知らぬ間にどんどん変わり、商品や店舗に飽きていく。その店舗が何か新しいことをしなければ、そこでその店はおしまいになるのだ。

銀座店では商品のコンサルティングセールスを目的として、困っていたり、コーディネートなどの相談をしたいお客様のために、サービスアテンダントを配置した。百貨店や専門店と同じ方式だ。最近の銀座店は、外国人観光客も含めお客様が多く、商品もよく売れている。銀座店も先述の「錯覚」に陥らないように、手を抜かずに日々の努力を続けていってほしい。

大型店は販売効率が落ちる

大型店を重点的に出店するようになってから、VMDなどの施策とともに、タペストリーを大きくしたり、マネキンを置いて商品を展示したり、通路も広く取ったり、いろんな工夫を始めた。しかし、なんと言っても、いままでとの大きな違いは、商品点数がどんどん増えていった代わりに販売効率が落ちていくのが目に見えてわかったことだ。

いままで小売業の多くの企業は大型店を出すと販売効率がダウンし、やがては失敗して撤退している。売り場面積を広げた分、賃料等の経費は余分にかかるが、一方で肝心の売上高が比例して増えるわけではない。

それまでの標準店の売り場面積が200坪で、大型店は500坪なので、普通に考えれば2・5倍の売上高をあげないといけない。ところが同じ販売効率にはならない。大型店に最適な展示すべき品番数はどの程度か、ということを常に考えなければならない。

ちなみに2008年8月期の年間㎡当たり売上高は全店舗平均が88・5万円に対し、大型店（08年8月末現在で50店）の平均は76・2万円である。小売業で一般的な「月坪効率」に修正すると全店平均が24・3万円、大型店平均は21・0万円となる。衣料品小売業の全国平均からすれば、ユニクロ大型店の効率は圧倒的に良いものの、大いに改善の余地ありだ。

大型店になると、人員の効率も著しく落ちる。標準店では従業員は数十人だが、大型店だと200人以上必要になったりする。約3倍という場合もある。売り場のコントロールも店長一人では足らずに、店長以外にも管理職が必要になる。売上は2倍になったが、人件費が3倍になったのでは困るのだ。

フロアごとに責任者はいらない

大型店でもワンフロアであれば効率的な人の配置や、トランシーバーを使いその都度「レジ待ち発生なので応援頼む」の指示が可能だが、3階4階と多層階の店舗になると、そうはいかない。

一般的には、店舗がスリーフロアだったら、それぞれの階にフロアマネージャーを置くことを考える。だが、そもそもそれが常識と考えること自体がおかしい。その「常識」通りやるから管理職が3人必要になり、人件費が相当増え、非効率になってしまう。フロアマネージャーを作ると、本人は「私はこのフロアだけを見ていればいいのだ」と思い込む弊害も生ずる。

店舗がスリーフロアであれば、3つの階層に分かれてはいるものの、それをワンフロアだと思って管理監督すればいいだけだ。管理職である店長は、よほどの大型店でない限り一人でよい。

なんでもそうだが、常識的な考え方をまずは疑ってかかり、それが本当に正しいかどうか、合理的かどうか自分自身の頭で考えてみることが大切だ。

商業施設開発事業

大型店などの出店場所を探しても、なかなか良い物件が見つからないのが現状だ。ユニクロ出店のことだけを考えていると手詰まりで、非常に時間がかかる。出店自体が難しくなる可能性もある。であれば、商業ビルの一棟借りとか、ショッピングセンター全体の一棟借りをしたらどうか。

2005年10月に、我が社初の商業施設「ミーナ天神」をファーストリテイリングの開発事業としてスタートした。福岡の繁華街にビルを一棟借りして、地上8階地下1階の売り場のうちツーフロアをユニクロが使用し、あとは女性ブランド店、紳士服店、雑貨店、ドラッグストアなど、各種小売店に出店していただいている。

現在、ミーナは、天神以外に津田沼、京都、町田に展開している。

この事業も、他の新規事業と同様、当初の狙い通りにはうまくいってはいない。入居しているすべての店舗の売上がよくないと業績もあがらないのだ。

最初はユニクロが8階建ての2、3階に入っていたのだが、他社の売上が芳《かんば》しくないので、ユニクロが5、6階の多少不便な場所に移り、他社に条件のよい2、3階に入ってもらった。ユニクロが儲《もう》かるためには、他社にはユニクロ以上に繁盛店になってほしいのだが、現状ではユニクロにとっては非常にマイナスで、本末転倒である。商業施設開発事業に関しては、まだ企業誘致や商業ビル運営のノウハウが蓄積できたわけではないので、多少長い目で見ていきたいと思っている。

2007年　新年の抱負　柳井　正

今年の全社の標語は儲ける。「儲ける」にしました。

まず私が聞いた逸話からお話をしたいと思います。

昔むかし、日本マクドナルド創業者で伝説の起業家の藤田田《でん》さんが松下電器創業者で経営の神様である松下幸之助《こうのすけ》さんのところを訪ねました。

藤田さんは幸之助さんに何か一言、と経営の教えを乞《こ》いました。

幸之助さんは「それは儲けるということでんなぁー」と答えました。

私はこの言葉を聞いて、さすが松下幸之助はちがうなぁーと感じ入りました。

次に我が社の昨年の振り返りをしてみましょう。

昨年1年間は、郊外の標準型店舗を全国に展開する、「低価格のベーシックカジュアルを売っているユニクロ」から次のステージに行く1年でした。

真の意味でいつでも、どこでも、だれでも、買えるユニクロに脱皮できる可能性が大きく見えてきました。すなわち日本を代表する大型のグローバルブランドとしてH&MやZARAやGAPと伍《ご》してやっていく方向性がはっきりしてきました。

ユニクロの大型店を色々な立地でつくりました。

ユニクロ大型店化の目処《めど》がたってきました。

ユニクロの大きな成長エンジンのひとつが大型店です。

但《ただ》し効率をもっともっと良くしないと成長拡大できません。

当然ですが、店舗の大型化をするのは効率をあげ、よりお客様に喜ばれると同時に、収益をあげるためです。

我々の未来への象徴が、ニューヨーク旗艦店の成功です。

ニューヨークのソーホー地区に１０００坪の世界最大、最新、最高のユニクロがオープンしました。この成功でユニクロはグローバル市場での一定のポジションを取れる見込みが立ちました。それは今までどこにも売っていないベーシックな服です。入念につくられ、高品質で、ファッション性があり、着た時にスタイリッシュに見える世界最高のベーシックな服です。

同時期に香港《ホンコン》と上海に大型店をオープンさせ、大成功させました。

次に、スキニージーンズの成功と大欠品です。ファッションを先取りするスキニージーンズの成功で、若い女性のお客様が店に帰ってきました。

逆に、年配層のお客様を取り逃してしまいました。特に年配の男性層が大きく離反しました。

さらに状況認識、商品計画、前始末および全社連動体制について大きな課題を残しました。

関連事業ではコントワー・デ・コトニエ（ＣＤＣ）の１００％子会社化とＣＤＣジャパンの設立をしました。フランスにエフアール・フランスを設立し、プリンセス タム・タム（ＰＴＴ）とＣＤＣの経営基盤を強化しました。ＣＤＣは売上収益ともに絶好調です。ＰＴＴも順調に推移しています。

婦人服チェーンのキャビンと婦人靴チェーンのビューカンパニーの経営権を取得しま

した。

秋には、低価格カジュアルチェーンのジーユーを設立しました。

以前から経営している靴チェーン店のワンゾーンは再浮上する準備をしています。

イタリアントラッドのアスペジ・ジャパンは再度百貨店内の店舗のリニューアルをしていきます。

ユニクロの海外事業に目を向けると、

ユニクロUSAは収益の大幅改善が課題です。

ユニクロUKは大幅な回復の兆《きざ》しがみえてきました。

ユニクロ香港は2号店をオープンして絶好調です。

ユニクロチャイナはガンフィ店及びプートン地区でのアジア最大の大型店の成功で飛躍の基礎ができつつあります。

ユニクロコリアは順調に店舗数を増やしています。

我々の会社は2010年1兆円の売上と経常利益1500億円を計画しております。

それは世界市場で戦う最低限の規模だからです。この計画で大事な点は1兆円の売上でなく世界で戦える高収益企業になることです。我々が世界市場で戦う相手はZARA、H&M、GAP等で世界的な強豪企業です。彼らに勝つためには少なくとも販売効率性や収益性で彼らに勝てないと話にもなりません。

商品の独自のポジションは当然のこととして、大事なのは事業の効率性や収益性です。

どんな規模であろうと、そこで勝てないと世界一にはなりえません。

経営とは、人間の創意工夫で矛盾の解決をすることです。

いかに少ない費用と時間で、いかにその効果を最大にするのか、それが経営です。

我が社はグローバル化、グループ化、再ベンチャー化という会社のすべてを変える事業構造改革に取り組んでいます。その中で「儲ける」ことの重大性が軽視されています。

成長と膨張は根本的に違います。成長は内容を伴って大きくなることです。

したがって販売効率性と収益性は規模が大きくなるにつれて改善していきます。

単なる膨張は企業にとって死に至る病です。

基本的な認識として儲けられない会社は存続できません。

特に株式上場企業の場合、すでに会社は商品として市場で売りにだされている状態です。

市場での商品としての会社の魅力は成長性と収益性につきると考えます。

現状の関連事業と海外事業の大部分は収益に貢献していません。

ほとんどの事業で両輪が動いていない状態です。両輪とは収益と売上です。

海外事業は今までは両輪が動いていませんでしたが、売上という一方の車輪が動きかけています。

しかし、収益というもうひとつの車輪は動いていません。

ただし、土砂降り続きだった状態の海外事業は、香港、上海、ニューヨークの大型店の成功により明るい展望が開きつつあります。

国内ユニクロ事業では売上は何とか取りましたが収益は今一歩の状態です。

売上が上がって収益が増えないのは最悪です。なぜなら社員全員の努力が報われない、もっと言えば資源と労力の無駄遣いになるからです。膨張は破綻《はたん》の原因になります。創意工夫、考えて、考えて、考え抜くこと、やってやってやり抜くこと、ローコスト経営、費用と効果の検証等々、収益に対する執念がまったく足りません。結果的に成長ではなく単なる膨張になりつつあります。

今やっている事業、そして毎日の仕事はすべからく効率が良くなるかどうか、収益があがるかどうかの観点から常時見直さなければいけません。

日本の消費市場の事業環境は基本的に悪くなることはあっても良くなることはありません。

ただし世界的な視点からみると我々のビジネスの将来はバラ色です。

良い企業はどんどん規模を拡大して収益を上げています。

なぜなら今までの日米西欧中心の市場から中国やアジア諸国、インド、ロシア、中南米諸国、東欧へと世界の成長市場は拡《ひろ》がっています。需要はまさに無限大です。

ただし古い日本流のやり方に囚《とら》われているとそこには深い奈落《ならく》が待っています。

事業で負けることは死を意味します。

現実を直視し、理想を掲げ、自分の頭で考えて考えて考え抜き徹底的にやり抜かない限り我々の将来はありません。ぜひ全社員の力を結集して輝かしい将来を勝ち取りましょう。

第4章 世界を相手に戦うために

ロッテと組んだ韓国への出店

2005年9月には韓国に出店した。このときは地元のロッテと組み、ロッテ百貨店内に出店した。

詳しく言うと、2004年12月に韓国ロッテショッピング社との合併会社としてエフアールエルコリア株式会社を設立した。開業準備ののち、ロッテ百貨店、ロッテマート内に3店舗を同時オープンした。

韓国にはまだまだ反日感情が残っているので、我々が単独で出て行っても急速に店舗展開するのは難しい。どこか韓国の有力資本と組んでやるべきだと考えた。そして、小売業では韓国1位のロッテと組むべきということになったのである。

2007年12月には韓国初の大型店、ユニクロ明洞《ミヨンドン》店が首都ソウル最大のショッピング街、明洞にオープンした。売り場面積700坪を超えるこの店舗は、韓国では最大である。アジア地区においても、正大広場店(上海(シャンハイ))とならぶ最大規模の店舗となる。第1号店オープン以来、着実な成長をとげてきた韓国のユニクロにとって、18番目の店舗となるこの大型店はユニクロの認知度を高め、新たな飛躍の足がかりとなった。それ以降2009年6月末時点で韓国国内に30店舗を数えるまでになり、ほとんどの店舗はみな順調に推移している。

成長が見込めるアジア市場

韓国と同様に地元資本企業と組んでうまくいったのは、シンガポール出店である。2008年8月、Wing Tai Retail社との合弁会社としてユニクロ・シンガポール・プライベート・リミテッドを設立し、翌年4月に、シンガポール第1号店となるタンパニーズ ワン店をオープンした。

Wing Tai社は、香港《ホンコン》の企業で、我が社のジーンズの主力取引先である。シンガポール建国時に、元々の代表者のおやじさんから経営者兄弟のうちの一人が「シンガポールに行ってきなさい」と言われ、シンガポールで事業を始めた。その方が、香港の兄弟を通じて「我々と組んでシンガポールでユニクロ事業をやりませんか」と声をかけてこられた。いま取引している香港企業の経営者が非常に信頼できる人なので、お会いして即決めた。

シンガポールの市場は小さいとはいえ、世界中から観光客が集まり、金融の中心地となるべく政府とビジネス界が一体となって取り組んでいる世界でも稀有《けう》な国家である。華僑《かきょう》がつくった事実上一党独裁の国家だが、中国系、マレーシア系、インド系、白人系と国民の人種は多様な多民族国家である。国土が狭いので、住居ビルを作る際にも、人種同士の争いを避けるべく、その人種の比率を崩さないように入居者を決めるという。リー・クアンユー以来、国家元首のリーダーシップが強く、国の目指す方針・方向性が明確で、国家運営が非常にうまい。優秀なビジネスマンが国家という会社を経営しているかのようだ。

こんな話を聞いた。鄧小平《とうしょうへい》が中国で開放政策をする前に、シンガポールを訪れた。リー・クアンユーと談話中にちょっとした口論になり、最後は口喧嘩《くちげんか》になって別れた。

だが、その次の日に、鄧小平が国家運営の方法をぜひ全部教えてください、ということで出直してきたのだという。結果、中国の開放政策というのはシンガポールを模範にしていて、現在でも中国で政治の中枢《ちゅうすう》部に座る人は、模範であるシンガポールに研修に来るという。日本もぜひ見習ってほしいものだ。

シンガポールは行政とビジネスがほぼ一体の国なので、我が社が1社でやるよりも、地元の有力企業との合弁が、今後の店舗展開に相当有利に働くのではないか。

ユニクロ・シンガポールでは、2009年8月にシンガポールの中心エリア、オーチャード通りの新しいランドマークとなる「アイオン」内に、第2号店をオープンしたばかりだ。1号店は210坪、2号店は230坪だが、同年10月にオープンの3号店は500坪級の大型店とする予定である。

1号店は、開業後10日連続で入場制限が必要になるほどの盛況ぶりだった。その後も好調なので、2号店、3号店も楽しみである。ユニクロとしては初めて1年を通して暖かな地域で販売するので、秋冬衣料の需要は未知数。やってみなくてはわからない。

ユニクロ店舗をグローバル展開していくなかで、アジアは今後成長する有望市場ととらえていて、中国、韓国、シンガポール出店に続き、マレーシア、フィリピン、タイ、インドネシア、ベトナムにも出店したいと考えている。

ニューヨークのグローバル旗艦店

２００４年11月にアメリカに、堂前君を代表者としてユニクロ・ユーエスエー・インクという事業会社を設立し、翌２００５年９月から10月にかけて３店舗を順次オープンしていった。

それぞれメンローパーク・モール、ロッカウェイ・タウンスクエア、フリーホールド・レースウェイ・モールという、ニュージャージー州のモールの中の店舗である。売り場面積は２１７坪、１５１坪、２２３坪と日本の標準店とほぼ同じだ。

現地の人たちにとっては、全然知らない衣料品ブランドが海外からやってきたな、という感じだったのではないか。日本国内でイメージすると、無名で、ほとんど宣伝もしていない海外のブランドが、東京都心ではなく埼玉県とか千葉県のショッピングセンターに出店したようなものだ。

ユニクロ自体がアメリカで知られていないので、お客様が立ち寄ることも少なく、売れるはずもない。売れないので、在庫の処分をしなければいけない。

どこかに臨時店舗を借りられないかと探していると、ニューヨークのソーホー地区に80坪の店舗を見つけた。そこで在庫品を販売すると、なんと3店舗で正規に売っていたときよりもよく売れたのだ。店舗は内装もせずに、賃借したビルのまま。とりあえず陳列什器《じゅうき》を持って行って、そこに商品を並べただけだった。店舗というのは、もともとそんなものなのかもしれない。

この経験から、やはり人の集まる大都会、それも洋服に興味がある高感度な人々が多い場所で商売をすべきだ、と気づいた。どうせ商売するならソーホーのほうがいい。ソーホーで大型店ができる場所を探し、ようやく2006年11月に1000坪のフラッグシップショップをつくったというわけだ。

ニューヨークの皆さんに知ってもらうため、今度は旗艦店オープンの宣伝を用意周到に進めた。

日本を代表する34名のアーティストが参加したTシャツプロジェクト、ユニクロオリジナルCD（田中知之さんによる全選曲）発売、オープンする2か月前の9月からマンハッタンのさまざまな場所に出没したコンテナショップでの営業、NYを代表するアートディレクターのマーカス・キルシュテンさんを編集長に迎えトップクリエーターが参加したフリーマガジン「ユニクロペーパー」の配布、ソーホー店の様子をオープンからリアルタイムでウェブ配信するなどいろいろやった。なかでもコンテナショップは街行くニューヨーカーたちを驚かせ、評判となった。

最初に出店した3店舗はまったく儲《もう》からないので、契約期間を考えながら徐々に閉店し、現在アメリカにあるのはソーホー店のみだ。グローバル旗艦店であるソーホー店は、店単独としては黒字である。これを拠点にして、やがて時期がきたらアメリカ国内に店舗展開をしたいと考えている。

先入観が商売の邪魔をする

アメリカに出店する前に考えていたのは、アメリカ人にはアメリカ人のニーズがあって、サイズや色の好み、ファッションの好みも違う。だからそれに合わせて商品を企画しなくてはならない、ということだった。結果は、常に売れずに失敗だった。先入観が邪魔をして、本質が見えなくなってしまった例だ。

日本でもアメリカでも共通してユニクロが勝っている点を徹底的にアピールして、それが評価されることで商品を買ってもらえる店にする。いま現在の結論としては、そのほうが商売がうまくいくと感じている。

ある会議では、商品企画の担当者同士がこんな話をしていた。

「海外ではスウェットの上下がぜんぜん売れないなぁ」

「上下が同じ色だから、売れないんじゃないでしょうか……」

同席していたほとんどの社員が頷《うなず》いている。結局、先入観が邪魔してこれ以上は議論にならず、この会話はストップした。でも、これではダメなのだ。

仮に上下が同じ色だから売れないとしたら、トレーナーとスウェットパンツのセットが１９９０円であれば、トレーナー９９０円、パンツ９９０円と別々に分けて売って、別々の色を組み合わせて一緒に買ってもらったらどうか。そこまで考えて実行してみるべきである。

あるいは、上下同じ色のスウェットをセットで売って、いくつかまとめて買ってもらって、別々の色を組み合わせて着てもらう、という発想だってあるかもしれない。

何でもそうだ。「この商品は売れないなぁ……」で会話が止まってしまう。爆発的に売れるずっと以前のヒートテックもそうだし、ブラトップもそうだった。どうしたら売れるようになるのか、商品と売り方について改善・改良の余地はいくらでもあるはずだ。売れるようになるまで試行錯誤を繰り返すべきなのだ。

一番始末に負えないのは、最初から自分の考え方や概念からはみ出したものは売りたくない、と考えている人である。ヒートテックみたいな下着類はスポーツ用品店で売ればいい。ウチのようなファッションを売る店にはふさわしくないし、イメージがダウンする。そう考えるから商売に広がりがなくなるのだ。自分の考えがいつも常に正しいなんてことはありえない。

現在、インナー類を多めに扱っている店舗では、スウェットの上下バラ売りを実施し、セット価格を５００円引きで販売しており、好調のため今後は海外にも拡大する予定となっている。

低価格カジュアルブランド「ジーユー」

機能性素材などで付加価値をつけたベーシックなカジュアルウェア中心のユニクロに対し、もっと低価格のカジュアルを販売する株式会社ジーユーを２００６年３月に設立した。ユニクロが低価格に固執することを止《や》め「高品質」を最重視することにしたので、その空いたエリアに本格的に低価格を売り物にする企業があってもいい。幸い、どこにも強い競合相手はいない。

ジーユーの至上命題は「驚きの低価格」。当時提携していたダイエーの店内を中心に出店を進めた。当初の目標は「5年で200店舗、売上高1000億円を目指す」であった。

かつて低価格販売の代表を標榜《ひょうぼう》していたダイエーは長年にわたって業績が悪く、2004年12月には産業再生機構の支援を仰ぐことになる。ダイエー支援スポンサーになるべく、我が社もイトーヨーカ堂と組んで名乗りをあげたことがあったが、それは丸紅とアドバンテッジパートナーズに決まり、林文子会長（現・横浜市長）と樋口泰《ひぐちやす》行《ゆき》社長体制で難局を乗り切ることになった。

樋口さんは以前、日本ヒューレット・パッカードの社長をしていて、その時から知っていたので、ダイエー店舗内に出店したいとお願いに行った。ダイエー側も衣料品を強化したいという思惑があったので、店舗展開の合意ができた。2006年10月にダイエー南行徳店内にジーユー1号店をオープンした。

しかし、いざフタを開けてみると、当初は話題になって少しは売れたものの2期連続の赤字、出店数も2年で60店舗弱に留まった。まったく売れない。ローコスト体質なのでそれに合わせて相当低い目標としているのに、それよりも低い実績値だった。鳴かず飛ばずである。

当初の話題性が長続きせず、新たな情報発信をし続けなかったので、お客様から認知されるまでには至らなかった。そのポジションを自分から取りに行かなければ商売は続かない。ダイエー自体の業績もずっと低迷し、樋口さんは自分の意思が通り難くなったことなどいろんなことがあったとみえて、2006年末にダイエーを離れた(現在、マイクロソフト日本法人の代表執行役社長)。

なぜ990円ジーンズだったのか

このままではいけない。そこで打ち出したのが990円ジーンズだった。販売しているジーンズは、その時点で、ユニクロでは3990円、ジーユーでは1990円である。

ジーユーの会議に出たとき、「さらに低価格、1490円でジーンズを売ります」と担当者が言うので、ぼくは「そんなのダメでしょう。どうせやるなら、キュッキュー(990円)にしたらどうですか」と言った。この景況感のなかでは、お客様が驚くような価格にしなければ見向きもされないと思ったのだ。

よく、先行している商売人が流行を作り出すとか、お客様の心理を作り出すといった類《たぐい》の話があるが、そんなことは実際にはあり得ない。こちらから心理状態を変えるなんて滅相もないことだ。重要なのは、お客様の心理状態に合わせて商品を作り出すことなのだ。

「心理状態に合わせて」というのは、具体的にはお客様の気持ちを「想像する」ということ。その実例が、ジーユーの990円ジーンズだった。

お客様は多分、不況の真っただ中の今は、ものすごく低価格の商品を欲しがっている。では究極の低価格のジーンズはいくらなのか。それはきっと990円だ。それなら驚いて買いに行こうと思ってくれるのではないか、という心理状況を理解するということである。

原価とのバランスから常識的に考えると「1990円にすべき」になってしまう。案の定、我が社が発表した次の日に、他社では1490円のジーンズを発売していたが、あれでは効果はない。1490円でも1990円でもお客様に与えるインパクトは大差ない。990円以外はダメなのだ。

お客様は驚くだろうということを前提にしないといけない。驚かないとお店に行こうと思わない。別の言い方をすると、お客様の期待を超える、デザインや品質と比べてコストパフォーマンスが抜群だと思ってもらう、ということだ。

ジーユーは、2008年9月に、グループの他の子会社2社と経営統合しGOVリテイリングとして、生産管理などもユニクロと共同でやれる体制にしたところだ。ユニクロのジーンズは日本製のデニムを中国で縫製して作っているが、ジーユーは中国製の安価なデニムを使ってカンボジアの工場で縫製すれば９９０円は十分に実現可能だ。

こうして２００９年３月10日からジーユー全店において、９９０円ジーンズを売り出した。

結果は、発売した途端に爆発的なヒットをし、翌週には欠品が出るほどで、当初の50万本の販売計画を１００万本に上方修正した。まずは、このジーンズのヒットでお客様にジーユーのことを知ってもらえたというのは大きい。知ってもらって、お店に来てもらわないと話にならない。

これに刺激されたためか、ＧＭＳやカジュアル販売各社で低価格ジーンズの発売が相次いだ。新聞・雑誌がこぞって「低価格ジーンズ戦争が勃発《ぼっぱつ》」などと書きたてた。ジーユーは、この低価格競争でも勝ち残らないといけない。

低価格衣料品は相当多くの需要があると見込んでいるので、低価格でも利益のでる損益構造にジーユーの会社自体を作り替えていかなければならないと考えている。

新しいシンボルマークに込めた意味

２００６年９月、我が社は新しいシンボルマークを策定した。我々の会社も最初はファーストリテイリング（ＦＲ）＝ユニクロだったが、徐々にグループ企業が増え、ＦＲ＝ユニクロ＋グループ企業になってきた。やがて世界ナンバーワンのアパレル小売企業グループになるためには、ＦＲグループとしての求心力が必要で、それにはまず象徴としての新たなシンボルマークが不可欠だと感じていた。そこで、ニューヨーク、ソーホー店のオープン時にクリエイティブディレクターを務めてくれた佐藤可士和《かしわ》さんにお願いした。

基本的に企業のマークには、会社が過去やってきたこと、今現在やっていること、将来やろうとしていることがつながって表れていなければならない。そして、ファーストリテイリングの精神的な基盤を言葉で表すと「革新と挑戦」になる。これからも革新と挑戦をやり続ける。そんな意味を込めて、作ってもらった。

赤色の三角の旗、右肩上がりは、つまり成長ということと、会社としてとんがっていることを表している。日常的なことから少しずつでも変えていこうと、旗の下に全員が集合するというイメージもわいてくる。旗＝フラッグを構成する３つのラインは

「服を変え、常識を変え、世界を変えていく」というFR WAYのステートメントとシンクロしている。赤色は革新、情熱、強さ、自立、先進といったイメージがあり、そこにユニクロのDNAを重ねている。

何度も佐藤さんと話し合った結果、納得できるマークが完成した。ぼく自身は非常に気に入っている。グループ企業の全社員にも気に入ってほしいと願っている。

M&Aの目的と位置づけ

いままで主にユニクロだけを日本国内のみで営んできたが、それ以外の衣料品の市場は非常に大きいので、市場占有率でいうと10%以下だと思う。ほかの関連事業にも進出し、ぜひとも占有率を上げたい。そのための方法としては、自分たちで事業を立ち上げると同時に、M&Aを行って企業を買収する。買収先については、ユニクロの欧米進出のための拠点になるような企業が欲しいと考えていた。

そこで何度か述べてきたが、最初にニューヨーク発のブランド「theory」を展開するリンク・インターナショナル社（以下、日本セオリー社）に出資し（2004年1月）、その次に欧州中心に「COMPTOIR DES COTONNIERS（コントワー・デ・

コトニエ)」ブランドを展開するネルソン フィナンス社を買収(2005年5月)、同年12月にはフランスを中心に「PRINCESSE tam・tam(プリンセス タム・タム)」ブランドを展開するプティヴィクル社を買収し、06年2月に子会社化した。そして、2009年1月から3月に実施した公開買い付けで日本セオリー社を完全子会社にした(同社は09年7月に上場廃止となった)。

我々の目指すグローバルブランドになるには、ニューヨークとパリに拠点があるということが必要不可欠なことであり、その狙《ねら》いに沿ってM&Aを行ってきた。我々が欧米で評価され始めたのは、コントワー・デ・コトニエとプリンセス タム・タムをパリで持っていること、「theory」をニューヨークで持っているということが要因だと思っている。

今後は、ユニクロの世界展開のプラットホームになるような企業で、数千億円の売上を上げている企業を、アメリカとヨーロッパで買収したいと考えている。ファッション関連企業で、ユニクロと同じような商売をやっていて、企業そのものや経営方針、あるいは人に対する考え方が我々に近い企業ということが大切。なかなかピタッと合うところがない、というのが現状だ。

ぼくがM&Aのためにお会いした候補先のトップマネジメントの方々は、今ちょうど100社くらいではないだろうか。我が社のM&Aの担当者にいたっては、すでに200社を超えているようだ。

我々はM&Aの活動をやっているため、同業者や関連業種で、どこそこの経営者に会いたいと考えたら、ほとんど全部会いに行く。世界的にある程度知られてきたので、お会いくださる側も我々に興味があり会っていただけるのだ。ぜんぜん知られていない企業であれば、行ってもほとんど会ってもらえないはずである。こうしたことから考えると、我々の企業グループは、この業界で半分くらい業界内のインサイダーと認められるようになってきたのではないだろうか。

また、外国のマスコミに顕著なのだが、経営トップが将来の夢や企業の理想像のような大きな絵（ビッグ・ピクチャー）の話をすると非常に評価してくれる。M&Aのたびにぼくがそんな話をするので、ユニクロのブランドイメージが相対的に上がったし、我々のグローバルでの位置づけがようやく認識されるようになってきたと思う。

バーニーズは買えなくて幸運だった

我々のM&Aで言えば、大きな話題となった出来事がある。

米国を代表する高級百貨店「BARNEYS NEW YORK（バーニーズ ニューヨーク）」を買収しようとしたことである。

この百貨店はニューヨーク・マンハッタンの本店を始め、ビバリーヒルズ、シカゴ、ボストンなど、各地に大型店舗を出店する一方、小規模店舗（CO-OP store）、アウトレット店舗を含め、全米で34店舗を展開している。

我が社のR&Dセンターの執行役員である勝田幸宏《ゆきひろ》君はバーニーズ出身である。彼が「バーニーズがアラブのファンドに買われそうだ」という公開情報を得て、それをM&A担当の執行役員の京極康信君に伝えた。「それならうちも手をあげたら」という希望も、同時にである。その後、すぐに二人から「買ったらどうか」と勧められ、おもしろそうだと興味を抱いたのが発端だった。

たまたまセオリーはバーニーズに納品している。また、コントワー・デ・コトニエやプリンセス タム・タムの米国進出も考えていた時期で、ヨーロッパや日本のブランドをニューヨークに持っていくのであれば、玄関口として最高なのではないかと思った。

バーニーズは百貨店と言ってはいるが、実は大型セレクト専門店である。世界中のほんとうに良いブランドをセレクトして店頭で売っているというのが実態だ。彼ら自身はコーアップ（CO-OP）という名称で、ＳＰＡをやりかけ模索している最中でもある。そこに我々のＳＰＡの生産管理技術などを用いれば、多分彼らが自分たちでつくりあげるよりも早くてよい仕事ができるのではないか。これらのことが実現すれば投資した金額がすべて返ってくると考えた、ということだ。

すでに２００７年６月22日に、バーニーズ社の株式を１００％保有する米国衣料品メーカーのJones Apparel Group, Inc.（以下「ジョーンズ社」）は、ドバイ政府が出資している投資ファンドであるイスティスマール（Istithmar）社に対し、バーニーズ社の１００％株式を約８億２５００万米ドル（約１０００億円）で売却することを合意した、と発表していた。しかし、同合意書には「第三者からの提案申入れの期間」が設定されている。

この意味は、「オイルマネーがこの金額で当社を買うと言って来ているが、当社はそれよりもっと高い金額で買って欲しいと思っているので、この取引に入札する人はいませんか？」と告知しているのだ。

我々は、洗練されたファッションを提供するバーニーズ社の成長ポテンシャルとファーストリテイリンググループとの相乗効果が期待されることから、バーニーズ社の１００％株式を９億米ドル（約１１００億円）で取得する旨《むね》の友好的な買収提案書を、

7月2日付で提出した。我が社も入札の仲間に入れてくださいと、交渉の扉をノックしたわけだ。おそらくこの取引に失敗しても、我が社に実害はない。チャレンジしてみようと決めた。

続いて我々は、ジョーンズ社に対して同年7月30日付で、バーニーズ社株式の100%につき、提案書と同額の9億米ドルで取得する旨の買収申込書を提出した。今度はそれを受け、イスティスマール社が対抗案を提示してきたことから、ジョーンズ社に対し、9億5000万米ドル（約1140億円）で取得する旨の買収申込書を同年8月3日付（日本時間では8月4日）に再提示した。

この間に何度か取締役会を開いて検討した。いつもながら多くの意見が出る。このときは金額が巨額だっただけに、いくらが適正額なのか妥当額なのか判断がつきかねて議論百出といった様相だった。ニューヨークのシンボルが買えるのだと言って、R&Dセンターの社員たちが素直に喜んでいたのと対極にある議論だった。

その後8月8日、ジョーンズ社側はイスティスマール社からの対案（我が社より高い金額案）を受け入れ、我が社の提示価格による買収申込に応じないことを明らかにした。そこで我が社はこの買収の再申込を辞退することにした。取締役会で決めておいた買収額の上限を超えて再入札するわけにはいかない。それ以上の高値になったらやらないと決めていた。ぼくが考える妥当な金額をも超えていた。

結果的にバーニーズを買うことはできなかったが、買収申込してから辞退するまでの間、毎日のように欧米で報道してもらい海外で有名になったことで、買えなくても相当なメリットがあった。海外での我が社に関する報道記事を、日本のメディアがさらに報道するということもよくあった。我々にとってはブランド価値が上がったことで、ファッション小売業界での存在感が高まったのではないかと思う。アメリカの小売業、繊維産業やアパレル関係で、ある程度の規模以上の経営者は、この件を通してほとんどの方が我が社のことを知ってくれたようだ。「当社を買ってください」と頼まれることも増えた。

日本の当時の報道の中には「このM&Aの失敗で、ファーストリテイリングの海外戦略は大きく見直しを迫られた」と報じたところがあった。そんな大層なことではない。とりあえず興味があったので手を挙げ、自分たちの考えている値段よりも高くなったので手を引っ込めたという単純なことなのだ。

また、当初は買うに値する企業だと思ったものの、調査過程で経営幹部やCFO(最高財務責任者)、商品部長などいろんな人と面談し、バイイングの能力の高い人が思っていたよりも多くはいないことに気づいていたのも事実だ。

いま振り返ってみても、あのとき買っていたら、アメリカのサブプライム問題以降の世界的大不況の波をもろにかぶって業績は相当に悪くなり、経営自体も苦労していたことだろう。実際に借金が相当に膨れあがったのではないだろうか。

我が社はこの取引失敗で失ったものは何もなく、買えなくてよかったと思っている。

ロンドン旗艦店は世界へ向けたショーケース

2007年11月には、世界一のショッピングエリアと言われる英国ロンドンのオックスフォードストリートに700坪のグローバル旗艦店と、400坪の店舗を同時に出店した。

2001年の英国初出店からすでに6年が経過し、あまりうまくいったとは言えない状況が続いたが、満を持してロンドンにグローバル旗艦店をオープンした。この店舗は前年にオープンしたユニクロ ソーホー ニューヨーク店に続く2店舗目のグローバル旗艦店である。

オックスフォードストリートの新名所となるようにと、22・5メートルの広大な間口のエントランスには、2階まで貫通する4台の円筒型のマネキンボックスを配置し、最新のディスプレイがボックスの中で回転する。コンテンポラリー・クール・ジャパンを意識した店内には、〝Tシャツの未来のコンビニエンスストア〟をコンセプトとした「UT」が海外初登場。更に、42インチのプラズマディスプレイ24台からなる「モニターウォール」には、ユニクロのグローバルウェブサイトと連動したコンテンツが流れる。「世界へ向けてのショーケース」となるべきグローバル旗艦店の登場である。

同日、同ストリートに400坪の新規大型店もオープンした。窓が多く、自然光が入るようにデザインされた店内には四角形のマネキンボックスが配置され、ディスプレイがボックス内を回転している。くつろぎの空間を演出したデニムラウンジもロンドン初登場となる。

ロンドンでのグローバル旗艦店のオープンを記念しての目玉商品は、ロンドンで活躍するアーティストとのコラボレーションTシャツと、PANTONEのカシミヤセーターとヒートテックである。PANTONEは世界中の様々なデザイン分野で活用されている色の標準化ツールである。

ぼくもオープン当日お店に行き、そこで現地の大きな新聞社や雑誌社の取材を受けた。イギリスにグリーン氏という百貨店などを買収している買収王がいるらしくて、ぼくの記事に「日本のグリーンがやって来た」という見出しがつけられていた。バーニーズ買収は失敗したものの、セオリーやコントワー・デ・コトニエ、プリンセスタム・タム、日本ではキャビンやビューカンパニー、ワンゾーンを買収していた。それで、外部から見たらその人と同じように見えるのかもしれない。イギリス人は皮肉好きだから、わざと大げさにそのように書いたのだろう。

ファッション感度の高いフランスへ

２００７年12月にはパリの近郊、新凱旋門《がいせんもん》ラ・デファンス地区のショッピングモール、ル・キャトル・タン内にフランス第1号店を出店した。売り場面積60坪のコンパクトなユニクロだ。ユニクロの海外進出は、この時点でイギリス、中国、韓国、アメリカに続き5か国目となる。

この店舗の位置づけは、ユニクロらしさを端的に伝えるコンセプトショップ。フランス初上陸のブランドとしてファッション感度の高いパリの人々に、ユニクロからのメッセージを発信し、ブランド認知の向上を図るのが主な目的だ。また、マーケティング、店舗オペレーションの習熟などを行うためでもある。

まあ簡単に言うと、フランスではどのような商品が売れるのか実験的に見てみようということと、たまたま郊外でも非常に良いショッピングセンターの案件があったということだ。ショッピングセンターが非常に多く存在し発達しているアメリカに比べ、フランスには数えるほどしかない中、良い出店場所が見つかったので出店したのだ。２００９年10月にパリ中心部（オペラ地域）にオープンさせるグローバル旗艦店の前触れの意味もある。

また08年4月には、ヨーロッパ最大級のデパート、パリのギャラリーラファイエット内に、約1か月間期間限定でユニクロを出店した。ここでは、世界に通用する言葉となった「マンガ」のTシャツが話題を呼んだ。09年7月には旗艦店がオープンする直前の9月中旬までに限って、パリ・マレ地区に期間限定店を開いた。マレ地区は、パリで一番おしゃれな街と言われている。

フランスは他国に比べ政府の役割が大きく、社会主義的な傾向が強い。なので、アメリカやイギリスのように企業が熾烈《しれつ》な競争をしていない。そのかわり規制が厳しい。そして労働者保護の国だ。パリに出店しようとしたら、外装は古いそのままで内装だけを変えなければならないとか、何をやるにも1つずつ認可が必要で、出店するのに何年間もかかるような国である。特にパリはそうだ。

総じて、フランス人は着こなしの上手な人たちが多いので、トータルファッションのなかの部品として提供するユニクロの服は、受け入れられるような気がしている。小柄な人が多いので、アメリカやイギリスのサイズより日本のサイズのほうが合っているかもしれない。

またパリと言えば旅行者が多いので、日本人が旅行して、わざわざパリのユニクロでパリバージョンの洋服をお土産として買ってくるなんてことがあるかもしれない。

ユニクロは「一人勝ち」ではない

2008年8月期の業績は、売上高5864億円で前期比11・7%アップ、営業利益874億円で前期比34・7%増、経常利益は856億円で同32・7%アップとなった。前期比で増収増益である。

2008年に入ってからは、衣料品小売業者が非常に苦戦しているなか、ほとんどのマスコミ、メディアもそろって「ユニクロ一人（独り）勝ち」と書き立てている。ブラトップ、ヒートテック、サラファインなど、高品質・高機能素材による商品のヒットが続いたことも増収増益の要因の1つだが、この表現はおかしいと思う。

基本的には、今まで毎年毎年、改善を繰り返しながらやってきたことの積み重ねがそういう結果になったのだが、かといって一人勝ちと言えるほど売れてはいない。昨年より売上が5割増したとか、2倍とか3倍に増えたのであれば一人勝ちと言えるだろうが、昨年対比でせいぜい十数％アップである。正確に言えば、「ユニクロだけがこの不況に負けていない」ということなのだろう。

繊維業界やアパレル業界はリーマンショックが無くても、ずっと以前から不景気で、構造的に儲《もう》からない形になっている。業界内のみなさんは景気のせいや天気のせいにしたりして、何も変えようとはしてこなかった方が多いのではないだろうか。それこそ何十年もの間ずっと、「最近、景気が悪い」などと言っている。「天候は順調ですね」とか「商売向きの天候ですね」と言うのを聞いたことがない。

それに対し、我々は「売れない」ことを前提にして、「売れるにはどうすればいいのか」を常に考え、試し、実践し続けてきた。その努力があって、やっと商品の良さが認知され売れるようになったのだと思う。

かつてフリースが日本中で売れて大ヒットしたあと、「ユニばれ」という言葉が流《は》行《や》った。「ユニ」クロを着ているのが「ばれ」て恥ずかしいという意味だ。ユニクロで買った安価な洋服を着ていて、まったく同じ服を着ている人とすれ違うと、なぜか気恥ずかしい。当時はそういう感覚があったのだろう。

時代は変わり最近は、「デコクロ」という言葉が流行っているという。ユニ「クロ」の洋服を「デコ」レーション、つまり飾るということを指す。ユニクロの服にカンバッチをつける、刺繍《ししゅう》をする、レースや思い思いの布を縫い付ける、など。人それぞれのやり方でユニクロの服を飾って、自分の個性を表現するのだ。ユニクロのファンが「デコクロ部」という名称で、デコレーションする同好会のような集まりをつくっているのをホームページで知り、そんな楽しみ方をしていただいていることをうれしく思っている。

本当の意味の女性活用とは

女性のキャリア開発については第2章でも触れた。ブラトップが爆発的に売れ、それを商品開発した女性のMDチームが脚光を浴びたとき、ユニクロにも女性社員の活躍する機会が訪れたという雰囲気を感じた人もいるだろう。確かにユニクロとしては大きな変化の1つかもしれない。

このような人たちが出てきて、ユニクロでは女性活用が結構うまくいっているのではないかと思われているかもしれないが、決してそうではない。２００９年７月末時点で執行役員では女性は一人、部長も一人しかいない。欧米のアパレル企業では、ＣＥＯが女性であったり、役員の半分以上が女性という企業も珍しくない。

結婚して子供がいて家庭生活がある。それらをすべてこなしながら仕事をしている。それが実現して初めて本当の意味の女性時代の到来だと考えているが、まだまだ現実は遠い。もし女性幹部がたくさん登場してきてほしいとすれば、外国人の採用と同じことで、家庭を持っている１００人の女性幹部を一度に採用して、仕事と家庭を両立させながら会社に定着してもらうようにすることが一番の早道ではないだろうか。

ほんとうに女性を活用しようと思ったら、それぐらい画期的なことに会社全体として取り組まないとうまくいかないと思う。女性自身も仕事優先というより、自分の生活を守るためにもっと楽な仕事をしたいと考え、仕事での達成感を得るということを度外視し、甘えの思考に偏《かたよ》りがちな人が、男性よりも相対的に多いのではないだろうか。そこは不満であるし、仕事のうえの能力は男女に差がないはずなので、女性にはもっと仕事で頑張ってほしい。

女性には、今でも多くの企業において、目に見えないガラスの障壁のような昇進・昇格上のハンデ、結婚と出産・育児があるのは事実だ、と先述した。だからハンデを持っているということをまず女性自身で自覚しなければならないし、男性もそのことをしっかりと理解して、女性にとってハンデにならないような配慮をしないといけない。それは、どの企業にとっても大きなテーマではないかと思う。もっとも、育児に関しては女性だけの仕事ではなく、男親と共同の仕事と考える風潮が徐々に出てきている。

ただし、ウィメンズの服は女性がつくらないと質の高いものはできないとか、ウィメンズの商品開発はすべて女性に任せるべきという議論は、少し違うと思う。ある程度のレベルまでは、そう言えるかもしれないが、世界的に見て優秀な人は、男女問わず優秀なのだ。

グループの企業理念「FR WAY」

お客様は、自分たちのことを本当に考えてくれている会社やブランドから買いたいと思っている。会社自体をさらに良い会社へと、常に成長発展させていかないと物は売れない。ただ単にもうけてやろうとしか考えない会社から、お客様はなかなか服は買わないだろう。

お客様からは、その企業姿勢に共感してもらい尊敬されなくてはならない。つまりユニクロが自分のことを考えてくれていて、自分にとってのよい店だなと思ってもらわなくてはならない。ユニクロを含むファーストリテイリング（FR）グループ全体を、そのような本来の良い会社にしたいと考え、2008年9月に「FAST RETAILING WAY（FR WAY）」というFRグループの企業理念を作った。その中心的なステートメントを「服を変え、常識を変え、世界を変えていく」とした。

グループのミッションはこうだ。

ファーストリテイリンググループは——

■本当に良い服、今までにない新しい価値を持つ服を創造し、世界中のあらゆる人々に、良い服を着る喜び、幸せ、満足を提供します

■独自の企業活動を通じて人々の暮らしの充実に貢献し、社会との調和ある発展を目指します

以下、「バリュー（私たちの価値観）」「プリンシプル（私の行動規範）」と続くが、

詳細は巻末に掲載しておこう。

「あらゆる人々に」というと、「マス（大量）に」あるいは、「洋服やファッションにあまり興味や関心がない人々に」という意味だとよく勘違いされてしまうが、決してそうではない。ここでいう「あらゆる人々」というのは、服やファッションに興味があって、それだけの価値さえあれば値段に関係なくどんなものも買おうと思う人々を指している。そんな人々にユニクロの服がいいということを分かってもらい、お客様になってもらわないといけないのだ。

ＦＲ ＷＡＹを公表し、グループ社員全員に周知徹底すると同時に、我々の会社はこういう経営方針でこういうことをやり、社会に対してはこんなことで貢献していきます、と社外に宣言した。

「我が社は本当に良い会社です」ということを伝えないと、商品だけ販売しようとしてもなかなか売れない状況になってきたとも言える。

服を変え、常識を変え、世界を変えていく

シンボルマークの意図をお話しした際にも触れたが、今まではＦＲ＝ユニクロだっ

た。しかし、グループ企業が徐々に増えてきたり、ユニクロ事業でも海外企業が増えてくると、ユニクロだけではなくグループ企業も含めて、「我々は何のためにこの商売をやっているのか」といった価値観を明確に伝えないといけない。会社というのは企業理念に示された価値観に賛同する人々が集まってきて、経営したり仕事をするという機関、あるいは組織である。企業理念であるFR WAYは世界中で通用するように、日本語だけではなく、英語、フランス語、中国語、韓国語でつくった。そして、それをもとに皆で経営していこうということである。

前著『一勝九敗』で紹介した二十三カ条の経営理念は、「経営する」ことに多少偏っていたため、経営幹部であればストレートに理解できたと思うが、一般社員としては、どういう心構えで仕事をすればいいのかがなかなか分かりづらかった。そこでそれを解消するためにFR WAYをつくったのが第1の目的だ。2つ目の目的は、「グローバルワン経営」、つまりFRグループの世界中の社員全員で経営する「全員経営」を実現しようとするための布石である。

二十三カ条の経営理念はぼくが一人で長い間かけてつくってきたが、FR WAYはそうではない。コピーライターの前田知巳《ともみ》さんとクリエーターの佐藤可士和さんの力を借りてはいるものの、相当多くの社員が関わり、相当多くの時間を費やしてできたものだ。前述したように「ステートメント」「ミッション」「バリュー」「プリンシプル」の4つの構造からなっている。

FR WAY、つまりFRグループ企業理念には、その考えや使命を実現するために仕事をしている、という姿勢や方向性が示される必要がある。

事業というのは、1つの考え方に基づき集まった人々が、それを実現するために仕事をしていく（行動を起こす）、という点で宗教に似ていると思う。逆に、行動の基準となる考え方や価値観がないと、人々が有機的に集まって1つのことを成すためのチームワークはとれない。全員バラバラの方向を向いて仕事をしていたら、大きな力は発揮できない。FR WAYは、同じ方向を向いて全員で血の通った経営をしていくための、心のよりどころのようなものだと考えれば分かりやすいのではないか。

ステートメントである「服を変え、常識を変え、世界を変えていく」というのはすばらしい文章であり、内容もすばらしい。ぼくは非常に気に入っている。何度も何度も討議して、何回も練り直して、この文章に決まった。ぼくだけではなく、社員全員でつくったといっても過言ではない。

FR WAYというのは、企業の精神であり、すべてに優先する。また、すべての出発点であり到達点である。理想であって、現実でもある。それらの象徴として、「服を変え、常識を変え、世界を変えていく」という宣言になり、今までにない革新的な小売業になりたいという高い志を示してもいる。分かりやすい言葉が並んでいるので、社員の理解度は高まったと思うし、グループの全企業にこういう方針でやっていってほしいと願っている。

ただし、このＦＲ ＷＡＹはこれで完璧《かんぺき》、これが１００％の完成形というものではない。のちのち経営の精神を受け継いだ人々が、ほんとうの意味で心の拠《よ》り所になるような言葉に置き換え、時代とともに少しずつ変えたり付け加えたりしていっていいものだとも考えている。

最終的には、グローバルで世界最高の企業をグループ全員の手でつくろうと思うようにならないといけない。グループ内の経営者と社員全員が同じ高い志を持ち、現実をしっかり認識したうえで、世界一を目指し、常に努力を怠らない企業グループにしていきたい。

いまのＦＲグループは日本のユニクロの日本の考え方で経営しており、そのＤＮＡを持って海外で仕事をしている人が多い。とりあえずいまの段階では、グループ内において世界で一番成功している経営方法というのは、我々が日本でやっているユニクロの方法である。それをもとにつくった企業理念ということなので、10年経《た》ったら全く変わっている可能性もあるだろう。

2008年　新年の抱負

柳井　正

「No Challenge No Future」（挑戦しなければ人生ではない）を今年の年頭の言葉にします。

今期ユニクロは9月の立ち上がりこそ大苦戦しましたが、10月以降全社員の献身的な努力と売り場商品販促のタッチ（日常の商売感覚）復活のお陰で無事に年を越せました。

本当に感謝をしています。

ありがたいことに日本のアパレル小売の世界でユニクロ一人勝ちと言われている昨今です。しかしながら、内情はユニクロの大企業病の退治、グローバル展開への挑戦とグループ企業の再生の為《ため》に悪戦苦闘している毎日です。

昨年はユニクロジーンズのヒット、ヒートテックの大ブレークがありました。

またロンドンの旗艦店がオープンし、パリのパイロットショップがヒットしました。ニューヨークも黒字基調になり、世界に向けたフラッグシップストアの役割を立派に果たしています。中国と韓国事業は軌道に乗り、本格的なチェーン展開に向けて大きくアクセルを吹かせていきます。パリのCDCとPTTは本格的な事業展開に向けて、家業、ドメスティック体質からグローバル企業体質に改善していきます。再生4事業、すなわちワンゾーン、ビューカンパニー、ジーユー、キャビンに関しては機能の統合、会社自体の統合、ユニクロとの統合を含めて陣頭指揮で再建途上です。さらに私自身はユニクロの営業・商品・生産本部長に就任して、全社改革を皆さんとともにやっていこうと決意しています。


これらのことから最近痛感しているのは、不振事業の根本はすべて同じだということです。

まず経営者自身がその日暮しで、経営者、社員ともに覇気が無く毎日の仕事が惰性に流れ、悪いのは他人や他部署だというネガティブ思考に陥っています。

つまり、志、すなわち自分の事業や仕事に対する理想がない状態です。

今年は「Change or Die」すなわち、変革を死ぬ気でやります。

その目的はNIKEやGAPがアメリカを代表するブランド（企業）であるように、また、ZARAやH&Mがヨーロッパを代表するブランドであるように、UNIQLOを日本やアジアを代表するブランド（企業）にしていくことです。そのためには全員の意識の大変革が必要です。

そのために敢《あ》えて皆さんに問います。

あなたは本当に自分の将来、自分の仕事、自分の会社、自分の店、自分の商品に志を持っていますか？

自分の仕事、自分の部署、自分の商品、自分の店、自分の事業を理想の仕事、部署、商品、店、事業にする決意を心底からしていただきたい。

志を持っていない方がいたら必ず志を持ってください。

また志がぼんやりしていたり、薄らいできた方はこの機会にはっきりと再認識してください。

私は創業の時から自分の商売に理想を求めました。その上で現実の商売に悪戦苦闘してきました。成果はまだまだ不十分ですが、24年で日本を代表する会社をつくりました。

昨年から私はFRユニクロ関連事業の経営実務のすべてに目を通しています。残念ながらFRユニクロ関連事業の経営実務が上滑りして昨年の年初に挙げた「儲《もう》ける」にほど遠い現状でした。

私は決意をしています。

今、私たちはFRグループを1兆円で買収しました。

その前提条件で今からの成長とグループ全社の収益向上の為に何をやるべきかを毎日考えて仕事（実行）をしていく決心をしました。

FRユニクロ関連事業の全社員にもう一度問います。

あなたの仕事に情熱を持ってください。

絶対に斜に構えたり、表面的な報告、形式的な仕事をしないようにしてください。

特に上司にお願いします。まずあなた自身が必ず誰にも負けない情熱を持つことと、部下全員に一人残らず主体者として情熱を持って仕事をすることを要求してください。

同時に積極的なチームワークを持ってください。

チームワークがなければ、どの仕事も前に進みません。

仕事の停滞の多くの原因は皆さんのチームワークが薄いところに起因しています。


さらに仕事の達成水準を上げてください。

うまくいっていない人の仕事をみると高い目標と高い達成水準が抜けています。

先ほどの志と通じますが高い目標と達成水準を持っていない人の仕事はまったく世界では通用しません。また成長もしません。毎日の仕事を惰性でやるのと日々新たに自分の限界に挑戦するのとでは、永年の間に雲泥《うんでい》の差ができます。


もう一度わくわくどきどきする店、商品、会社、仕事にする。

その為に何をするのか？

未来に向かって夢の実現に執着しているのか？

われわれ全社員は何のために存在するのか？

それは

私たちFRユニクログループ全員は本当に良い服、今までにない新しい価値を持った服をあらゆる人に提供するために存在しています。

さらに自らこの産業で革新を起こし社会を良い方向に持っていくために、私たちは存在しています。

どんな仕事でも毎日の仕事はチャレンジの連続です。

チャレンジがない仕事は仕事ではありません。

チャレンジがない人生は人生ではありません。

繊維の歴史、服の歴史、小売の歴史を塗り替える画期的な商品や会社を生み出す。

私たちはそんな人間の集団でありたい。

我々FRグループのモットーは「服を変え、常識を変え、世界を変える」です。

本当に考え抜き、自分たちで変化を起こし、そこに頭から飛び込む、そんな姿勢が必要です。

最後に「No Risk No Profit」（成功はリスクを取るものにのみ輝く）を言い添えておきます。

第5章　次世代の経営者へ

H&M襲来は大歓迎

世界のアパレル小売業の売上高上位3社をあげると、GAP（アメリカ）、ZARAを傘下《さんか》に持つインディテックス（スペイン）、それにH&M（スウェーデン）の3社となり、いずれも1兆3000億から7000億円の売上をあげている。いずれも最新の流行を取り入れながら、低価格の衣料品を短いサイクルでグローバルに生産・販売している企業である。「早くて安い」ファストフードに真似《まね》て、最近はファストファッションと呼ばれるようになった。

２００８年９月には、H&Mが日本で初めて銀座に店舗をオープンし、数週間、毎日のように長蛇の行列ができたことで話題となった。すでにGAPとZARAは日本に出店してきているので、H&Mはやっと出てきたという感じだ。

H&Mはファッションを売るが、ユニクロは付加価値の高いベーシックな服を売っている。ユニクロも、ファッション性のある服を売らなければならないが、そのシーズンしか着られない流行に特化した服というのではなく、ベーシックな部品としての服、他の服に合わせられる服をつくって売りたいと考えて実行してきた。

グローバルブランドのH&Mの日本進出が新聞や雑誌で報道されたときには、ほとんどが必ずユニクロと比較された。H&Mに入れなかった人たちやH&Mの帰りに立ち寄ってくれたお客様でユニクロ銀座店は売上予算を大幅に上回った。こうした他社比較が、こんなに販売拡大に寄与するなどとは思いもよらないことだ。

国内だけで販売していた時には「しまむら対ユニクロ」や「量販店対ユニクロ」などの図式で比較された。しかし、ユニクロを海外に店舗展開するようになったら今度は、H&MやFOREVER21が日本に進出してきて、ユニクロがいつもそれらの外資系チェーン店企業と比較されるようになった。比較される対象にならない限り世界中では売れないのだ、と考えるに至った。常に、対決の図式がグローバルにならないといけない。

黒船であるH&Mが襲来して、日本から迎え撃つのはユニクロである……と、ここまで大げさではないものの、注目され取り上げられるのは業界全体にとっても好ましいことである。話題になればなるほど、H&Mだけではなく、服全体の消費が増える。注目もされない、話題にもならないような業界ではダメだ。海外からどんどん日本に進出してきてもらい、お互いにどんどん競争して、自分にとってよいほうの服を買ってもらったらお互いのためになると思う。我々もどんどん海外に進出していこうと考えている。

H&Mが進出してきたからといって、何かユニクロにとってマイナス材料があったかというと、まったくない。逆に、比較の対象となったことでユニクロがグローバルブランドとして認められ始めたと考えれば、非常によかったといえるだろう。

子会社3社統合は再生の第一歩

2008年9月、低価格カジュアルウェアブランドを展開するジーユー、靴小売専門店を展開するワンゾーン、婦人靴小売専門店を展開するビューカンパニーの3社の子会社を経営統合し、GOVリテイリングを設立した。3社ともに営業損失が出ていて、半年以上前から事業構造改革に取り組んできたが、3社の事業を統合して運営することが最善との判断によって統合した。

この統合で営業、商品、マーケティングや管理部門など各社が共通に持つ機能を一本化し、より効率的な経営を目指すということである。いわゆる、さらなる出血を止めるための経営の合理化だ。

当然のことながら、業種、業態ともに違う3社を合併するということで、役員会でも反論が多く出た。それは、「まったく違う方向で再生させなければいけない会社が3つも合わさって、余計に複雑にたいへんになるのではないか」という意見に集約できる。

しかし、商品は違うが、服に合わせる靴だから、そんなに大幅に違うものではない。それに、再生するためにやるべきことに変わりはないと反論し、最終的には同意を得た。

GOVは、2009年3月に「990円ジーンズ」を販売したジーユーの売上が大幅に拡大し、採算も改善した。一方で、フットパーク事業では2010年1月末までに10店舗ほどを残したうえで、約200店舗を閉店する事業の大幅縮小を決定した

（09年7月）。

今後の靴事業は、グループ全体として、ビュー事業を含め、新しい靴事業（ユニクロシューズ）の構築について検討をすすめていくつもりだ。09年8月通期のGOVを含む国内関連事業の業績予想は、好調なジーユーの業績を反映し増額修正し（09年7月）、赤字幅は前年比で大幅に縮小する見込みとなった。

現状では、ユニクロの服に比べてワンゾーンの靴のグレードはかなり低い。であればやはり、商品のグレードを上げていき、ユニクロの服と同じように、あらゆる人に履ける靴にしないといけない。そういうコンセプトで靴をつくってほしい。

ジル・サンダーさんとのコラボレーション

2009年3月、ドイツ人の有名なファッションデザイナーMs. Jil Sander（ジル・サンダーさん）が代表を務めるコンサルティング会社との間で、ユニクロ商品にかかわるデザインコンサルティング契約を締結した。彼女は新聞・雑誌の取材に対し、「高級ブランドの服と合わせても着られるような低価格でも洗練された服を、ユニクロと組んで全世界の人々に提供したい」と語っている。

この契約では、グローバルに事業展開するユニクロのメンズおよびウィメンズ商品の全体に対してジル・サンダーさんがデザイン・クリエイティブ監修を行うことなどを役務としている。

2008年の春ころから、我が社R&Dセンターの勝田君は彼女と接触を始めた。彼女は噂《うわさ》に聞く通り、デザイナーとしての能力は非常に高いが難しく手ごわい相手であり、相当に粘り強い説得と交渉で決まった。1年がかりだった。ぼくは勝田君に「もうやめておいたほうがいいんじゃあないの……」と途中で何度も言ったくらいである。他社でも彼女と契約するため相当に苦労したが結局失敗した企業は数多いと聞いていたので、なおさら彼の粘りには敬服した。

勝田君の言う通り、ユニクロが目指すのはシンプルな中にある新しさ、美しさ、感動だ。この3つを同時に表現することができるのはジルさん以外にはいない。この人から当社が学べることは計り知れないと思う。

ぼくが非常に驚いたのは、この契約を発表した後の反響の大きさである。それも世界中から反応があり、日本国内よりもヨーロッパやアメリカでの反響が大きかった。ほとんどが驚きと好印象である。ファッション界ではもともと大きいジル・サンダーさんの存在と、我が社もそれなりに有名になりつつあるのでその存在とがコラボレートしたら、「新しい未来の服」ができるのではないか、ということを予感してくれたのかもしれない。発表した日は株価が700円近く上がったのも驚きだった。

ジル・サンダーさんとの取り組みによって実現するコレクションの名称を「＋J（プラスジェイ）」とし、2009年秋冬シーズンから、日本および海外の都心店、オンラインストアで販売することを09年7月に発表した。10月のパリの旗艦店オープンに合わせて販売するのが主な目的である。

ユニクロが従来から取り組んできたファッション性あるベーシックな服づくりの力と、ジル・サンダーさんの感性やクリエイティビティとの相乗効果で、この先ユニクロ「＋J」は世界中のお客様から支持されるコレクションになってほしいと願っている。

30店舗分に相当するネット通販事業

2009年4月、中国でネット通販事業を開始した。中国のIT大手のアリババグループと提携し、アリババの買い物サイト「タオバオ」を通じて行うことにした。

中国ではネットユーザーが推定3億人はいると言われているが、今後の実店舗の店舗展開との相乗効果で、ユニクロブランドの認知度アップと販売拡大を目指している。中国は世界で重要な市場の1つであり、中国国内でもナンバーワンのアパレル企業になりたいと考えている。

一方、日本でユニクロのインターネットによる通販事業を立ち上げたのは、2000年10月のことである。ECサイト「ユニクロオンラインストア」の登場だ。当時、大ブームを巻き起こした「50色フリース」の展開にあたって、店頭に並べきれない全色全サイズをウェブ上に取り揃《そろ》え、全国各地から購入できるようにしたのがきっかけである。当初から、このオンラインストアへのアクセスは急増し、一時は品切れを起こすほど大盛況であった。

それ以降も毎年、年率数十％の伸びで順調に成長し、2008年8月期は143億円（前期比14・5％増）の売上高をあげている。ユニクロ店舗の1店舗当たりの売上高からすると30店舗分くらいに相当する。

ユニクロのすべての商品が手に入ることと、全国が商圏であることを考えれば、まだまだ売上は取れると考えている。ただし、このECサイトは、通販事業として「売り上げる」という意味のほかに、「世界に向けてマーケティングをしたり、情報を発信したり、双方向で情報のやり取りをする」という目的もあり、両方とも大事だ。

「ユニクロック」の世界3大広告賞受賞

グローバルなブランド戦略の一環としてウェブ上で展開している「UNIQLOCK（ユニクロック）」が、2008年、世界3大広告賞の1つである「カンヌ国際広告祭」のチタニウム部門とサイバー部門でグランプリを獲得した。「CLIO AWARDS」のインタラクティブ部門と「One Show」のインタラクティブ部門でもグランプリを獲得していたので、この受賞により、世界3大広告賞での受賞を達成したことになる。世界的にも例のない凄《すご》い快挙である。受賞の報告を聞いたとき、飛び上がるくらいうれしかった。この受賞で欧米ではユニクロの認知度が高まったと思うが、日本国内では賞の重要性をメディア自身があまりよく知らず、露出が非常に少なくて残念だった。

ユニクロの服を着た女性が軽快な音楽に合わせて踊るオリジナルのダンスパフォーマンス。それにユーザーの待ち受け画面にも使える時計表示……。ポロシャツキャンペーンの一環として2007年6月からユニクロのホームページに登場したこれらのブログパーツが、「ユニクロック」である。「音楽×ダンス×時計」という言語の壁を超えたコミュニケーションを通じて、ユニクロの世界観をグローバルに発信していくことが大きな目的である。

インターネットのウェブは情報発信の手段として、最高のものだと思う。ウェブをうまく使えば、世界中の人々のもとに一瞬で伝えたい情報が届く。自社で新聞社や放送局を持っているのと同じくらいすごいことだと考えている。

カンヌのグランプリを獲得した時点で、世界83か国で4万1632個のブログパーツが設置され、世界212か国から1億2090万278のアクセスを記録している。

通常、ウェブコンテンツ制作には広告代理店が大きく関わるが、この場合には代理店は一切介在せず、社内のクリエーティブデザインチームと外部の協力クリエーターだけで企画制作している。

この話には続きがある。

今度は、カンヌ国際広告祭の主催者と交渉の末、2009年の同広告祭の公式Tシャツを製作する権利を獲得したのだ。そのデザインを世界中から公開コンペ方式で募集、入選作を6月に発表した。選ばれた10点を商品化し、価格は1500円で、ネットと原宿のUTストア（Tシャツ専門店）で発売し、その後大型店にも広げていった。

過去に大きな広告祭でこのようなイベントをやった企業はないようだ。よく許していただけたと思い、感謝に堪えない。

世界最高水準の経営者育成機関をつくる

前著『一勝九敗』では、最後の章でこう書いている。

「ぼく自身は、60から65歳の間で経営の第一線から引退したいと思っている。最長であと10年ほどだ。そのあとは投資家として一生を送るつもりでいる。(略)ぼくも、60歳をすぎれば多分、企業統治という役割のみに徹したほうがよい時期が訪れることだろう。」

ぼくも今年の2月で60歳になった。経営の第一線からの引退宣言の期限まであと5年である。新聞や雑誌の報道も「ユニクロ一人勝ち、最高益更新」の陰で、「後継者育成が急務」とか「後継者問題がリスク要因」などと後継者問題が取りざたされている。確かに仰《おっしゃ》る通り重要な課題だ。今後5年間で次世代の経営者を育成するのが、これからのぼくの最大の仕事になるだろう。できれば65歳までに会長職に専念できるようにしていいたい。

そのためには、今までのように外部から経営者をスカウトするのではなく、社内外で経営幹部を5年間で200人、育成しようと考えている。一橋大学大学院国際企業戦略研究科の教授陣とともに、FRMIC（ファーストリテイリング・マネジメント・イノベーション・センター）という教育機関をつくって、企業改革と経営者育成に本格的に取り組み始めたところである。

経営者を育てながら「グローバルワン」と「全員経営体制」の元に全社を改革する。そのために毎日のように先生たちと我が社の経営幹部や将来の幹部候補との討議を行い、決めたことを直ちに実行していくことを続けている。

将来的には、アメリカではこの大学や大学院、ヨーロッパではこの大学と大学院、上海《シャンハイ》ではここ、などとそれぞれ提携を結び、経営幹部の教育を担《にな》っていただくつもりだ。それぞれの大学・大学院はネットワークを張り巡らし、情報の共有化を通じてつねにコンタクトをとっていく。生徒である幹部候補者は同時に先生役も果たすことがある。自分たちが生徒で、同時に先生にもなる。教育の形という意味では、オン・ザ・ジョブとオフ・ザ・ジョブの両方を行うことになろう。

ぼくが考えている教育の最終の姿は、仕事自体が教育そのものになるというものだ。それぞれの人が自ら考えながら仕事をし、それも仲間とチームワークで仕事をするという体制を整えながら仕事をする。個々人が教育したり教育されたり、教え合ったり、育《はぐく》んだりする。この仕組みができれば、結果的に常に新しい企業に生まれ変わるための起爆剤になるのではないかと考えている。

演説や討論がうまくなる、パワーポイントの使い方が上手にできる、他社のケース（成功事例や失敗事例）を分析し課題を探る、などという技術論を、ＦＲＭＩＣでは教えるつもりはまったくない。経営の本質を教える、あるいは教え合うのが目的だ。

経営は実行・実践が命なので、考えても実行・実践されなければ無意味である。考えながら実行することが大事だ。それも経営者一人では何もできないので、いろんな機能を具現化する人たちが集まって、会社の仕事の流れや仕組みをどうすべきかを考え、作りながら、毎日仕事をしていく。そして、自分の部門周りの最適化だけを考えるのではなく、関連する他部門との同期化を図りつつ、会社全体としての「全体最適」を考えながら仕組みを創《つく》り出す必要がある。

非常に難題かもしれないが、そうしないと会社は成長・発展しない。何もしなければ、会社は環境変化に取り残されて衰退し、やがては滅びる。

必要となる２００人の経営幹部

５年間で「２００人を育成する」という意味を説明しよう。

今後はグループをグローバルに展開していくので、海外にどんどん人が出て行く。本当に良い企業がみなそうであるように、我が社もグローバルワン、全員経営を目指しているので、グループの全社員が経営者意識を持って仕事をしていく。それをリードしていくのに、世界中に経営者として200人は必要になるだろう。また、いま現在は執行役員が20人弱いるが、この10倍は必要になるはずなので200人という数字を出したまでだ。

また、この200人の経営幹部は、どの国のどのユニクロや関係会社に行っても、本来の意味の先生にならないといけない。教壇に立って講義するのではなく、それぞれの職場にいて、部下に教えていく。そのように教えることができる人＝経営することができる人を養成するわけだ。その200人は生徒でもあり、先生にもなり得る人。その人たちが世界中に点在して、全社員の意識改革をやりつつ、社員全員を引っ張っていってもらおうということである。

また、経営者を育成するのと同時に、堂前君が中心になって新しい業務情報システムをつくろうとしている。新しい情報システムをつくるということは、会社の仕組みを一から新しくつくるのと同じことだ。全社をグローバル化に対応させ、全員経営できる企業に変身するためには、なにもかもつくり替える必要がある。人事制度も、営業のやり方もそれらに合わせてすべて見直すことになる。どの仕事の現場もすべて大学院のような教える場・学ぶ場になる。

中国であろうが、韓国であろうが、イギリスであろうが、フランスであろうが、どのグループ会社の現場でも、仕事の実践を通じて考え、教え合う。仕事イコール勉強となる。世界最高の考え方で考え、実践する。それも、つねに意識改革と全社改革を伴いながらである。そのための価値判断基準としてＦＲ ＷＡＹがあるのだ。

将来、グループ全体の売上高を5兆円にしようと考えたら、売上比率から割り出すと外国人社員が8割で日本人社員が2割程度になっていると思う。その時に、世界各地にＦＲＭＩＣの機関をつくり、そこで経営幹部候補生を採用して、大量に育成しようと思っている。

そのために２０１１年の新卒採用から、日本人社員をたとえば２００人採用するとしたら、外国で外国人を１００人採用しなくてはならない。合わせて３００人を、まずは日本で教育して、ＦＲマン、あるいはユニクロマンとして世界各地に派遣し、その人たちは全世界を転勤していくような制度にしたい。最終的に、その人たちは外国のユニクロの社長、フランチャイズのオーナー、関係会社の社長、あるいは買収した会社の社長になってもらってもいい。もちろん、ぼくの後継者になってもらってもいいのだ。

その人たちは従来の管理職ではない。基本的には、新しい日本の企業をつくっていきたい、それを世界中に広げていきたい、と思える人でなくてはならない。そういう人を採用したいと考えている。

世界中のあらゆるグループ内企業で、毎日毎日、いろんな場所から経営幹部が来て、ああでもない、こうでもないと言い合いしながら、時には、最先端の経営を熟知した大学・大学院の先生たちと議論を重ねながら会社をつくっていく。想像するだけでも、相当多額な教育投資になると思う。年間で数十億円規模になるかもしれない。もともと人づくりには金がかかるものである。世界のどんな優良企業でもつくり得なかったような最高水準の教育機関をつくるつもりだ。

成功という名の失敗

経営というのは、実行し実践することである。いくつかの経営課題同士が相互に矛盾することがあり、それを解決することは非常に難しい。簡単な例では「売上・利益を伸ばしたい」と「社員の給料をアップしたい」というのは完璧《かんぺき》に矛盾する。1つずつ矛盾点を解決しながら進めるのが経営である。

起業したばかりのころは、とにかく儲《もう》けなければいけないから、ひたすら懸命に走ることが多い。何がなんでも実践することばかりに忙しく、ほとんど何も考えずに実践しているようにいかなくてはならない。会社が小さいうちからでも、一流企業になるように考えながら実践していかなくてはならない。


失敗した時は、なぜどのようにして失敗したのか。成功した時には、どんなことが原因で成功するに至ったか。そういうことを考えつつ実践に結びつけていかなくては、いつでも同じように失敗するし、成長することはできないだろう。

会社という組織には、一人ではできない大きな仕事をするために人々が集まったのであるから、チームワークで仕事をすることが大切である。チームワークがうまくいけば、結集した人数分以上の力が発揮できるし、そのチームワークの輪は社内中に広がっていき、やがては社外にまで大きく拡大する。「チームのネットワーク」とでも呼べるものは、今ではインターネットの爆発的な力でオープンに全世界に開かれていき、それを利用する会社が多くなっていくだろう。

会計の基礎である帳簿を記録する方法には複式簿記の原則があって、それは全世界共通である。それと同じように、世界中に通用するような原理原則的な経営を、優秀な人たちと一緒になってつくっていきながら、会社全体の組織機能をも形作っていく。そういう経営であれば、世界に向けられたオープンな経営と、世界のどこに行っても同じグローバルワン経営が可能になる。

まずは一歩一歩、経営者が1つずつ学習を積み重ねながら、実践し試行錯誤していく。経営者本人としても能力がアップするし、会社も自《おの》ずと成長していく。経営者・幹部・社員みんなが一体になって動ける、そんな会社が一番いい会社だと思う。

今の若い経営者を見ていると、そういう会社にしていきたいという気概がない。そればかりか、感情を度外視し論理だけで割り切ったり、反対に金儲けに走ったり、歪《ゆが》んでいる人が散見される。根本的に「お客様のために」ということを考えずに、ネットビジネスをやってみたら何となくうまくいったので、そのままいったら上場できた、などという事例さえある。このような会社は上場後に業績不振できっと苦労することだろう。

お客様のことを考えずに、小さな成功で満足していてはいけない。本当は大した成功ではないのに、自分が相当大きなことをやり遂げたような錯覚をしている経営者もよくいる。若くして成功したので、その次に何をしたらよいのかよく分からない人も非常に多いと思う。成功したという意味合いではなくて、むしろそれは「成功したという失敗」なのではないだろうか。成功したと錯覚している人にとって、その成功は明らかに失敗だったのだとぼくは思う。

会社は誰のためにあるか?

現在の若手経営者に「会社は誰のものか」という問いを投げかけると、決まって「株主のため」と答えたりする。非常に教科書的な答えだ。「社員のため」という答えも本質的ではなく、おかしい。

やはり会社は「お客様のため」に存在するのが本質だ。株主のためや社員のため、もっとひどいのは経営者のため、そんなことはあり得ない。

会社というのは、お客様に商品を売り、サービスを提供して、それに対しお客様がおカネを払ってくれる、収益という見返りを得る受益者である。そこにこそ会社の役割と意味があると思う。株主のためでも社員のために存在するものでもない。

もし、会社が社員のためにあるということになると、「お宅の社員を幸せにしてあげたいから買ってあげます」、そう思ってお客様がおカネを払うという話になってしまう。これは、どう考えてもおかしい。

日本の経営者は「会社は社員のためにある」と言う人が結構多い。これは本末転倒である。また、アメリカの経営者は「会社は株主のためにある」とよく言う。これもあり得ない。

いま世の中全体が不景気のせいもあるかもしれないが、元気のない経営者が多い。話をしていても銀行が貸してくれないから何もできない、などと、他人のせいばかりにして経営者自身がまったく動こうとしていない。お客様のために何ができるかを常に一生懸命考えて、自らが率先してひるまず実行するべきだ。

自身の経営を採点すれば

先日、監査役の安本先生と話していたときに、「ご自身のいままでの経営、あるいは経営者としての能力を採点するとしたら、100点満点で何点つけますか?」と聞かれた。

ぼくが「合格点すれすれなんじゃないかと思います」と答えたら、先生は「じゃあ、60点ですか?」と言う。「それはないでしょう。70点と言って欲しかったなぁ……」。偽らざる自己採点での結果と感想である。

いつも自分なりに100点満点を目指してはいるのだが、永遠に完成形が見えないのが経営なのかもしれない。だが、常に100点を目指しながら経営しなくてはいけない。

普通の経営者は100点を目指して努力しようとしていないか、または、60点か70点であってもそれを100点だと勘違いしてしまう。上には上があるということを知らない経営者が多い。100点を目指さないから、時に大きな失敗をしてしまうのだ。

ぼくの周りにはいろんな先生がいて、その都度教え導いてくれ、自分の考え方を絞り出すときや、決断するときに手助けしてくれた。経営幹部や社員も先生であるし、社外役員やコンサルタントや知人もみんな先生だ。本から学ぶことも多く、ぼくはほとんど何も知らないんだなと、いつも謙虚に学ぶ姿勢を通してきた。つねに人の話をよく聞くことが重要だと考えている。

ぼくが尊敬する松下幸之助《こうのすけ》さんは、「衆知を集める」という言葉を大事にされていた。自分の周辺の現場を知る社員たちが一番の知恵を持っているし、会社のことを大事に思っていてくれる。その人たちの知恵を集めれば怖いものはない。それが一番よい経営の方法なのだ、との教えだ。

零細企業がここまでこられた理由

1990年当時の我が社は、洋服の販売店が「ユニクロ」7、8店舗を含めて直営店は十数店舗しかなかった。運転資金はいつもぎりぎりで、設備投資資金はほとんどなかったけれど、ユニクロ標準店の構想が固まり、損益の構造が見えてきた。91年9月から1年間で30店舗一挙に出店しようと計画し、社員たちを前に宣言した時期があった。この時期を逃したら後悔する。今が、ずっと考えてきたことを実践するとき、一か八かの勝負だ。「3年間で毎年30店舗ずつ作って100店舗にしてから上場したいので、資金を貸してほしい」とメインバンクにお願いに行った。

このときのことは前著でも触れた。我が社に融資してくれていた銀行が最初のうち協力的だったものの、その銀行の融資先が何社か倒産したために風向きが変わり、「もうそろそろ出店を中止したらどうか」と支店長に言われた。それも強硬に、である。一緒に融資のお願いに行ってくれた現監査役の安本先生にも、支店長は「出店を止《や》めて、管理体制を強化してからもう一度出店を考えたらどうか。先生も、ぜひ社長を説得してほしい」と何度も告げている。

予定通り資金を貸してもらえないと出店が計画通りできない。新店も既存店も業績が好調なので出店計画を変更するつもりはない。資料を持って何度かお願いに行ったが、追加借り入れはノーだった。そこで別の銀行をあたり、やっと別の銀行2行から借り入れることができた。

後になって思い返してみると、この支店長のような非常に頑固なわからず屋がいてくれたおかげで、「こんちくしょー、今にみていろ！」と思って頑張れたのだろう。あの時、支店長がどんどんカネを貸してくれていたら、逆に失敗していたかもしれない。非常に良い経験になったと思っている。

おそらく人間は、満たされていないことや劣等感を引き金にして頑張れるし、行動を起こそうと思うのではないだろうか。何もかも満たされていたり、まったく劣等感がなかったとしたら、きっと何も行動は起こさないのかもしれない。

我が社は当時、地方の一零細企業であり、しかも服の小売業という成熟しきった、あるいは遅れた産業だった。それまでだれも評価してくれなかったので、劣等感の塊のようになっていた。そんな中で、本当に良い服をつくってお客様に喜んでもらうことと、この産業を根底から変えたい強い思い入れは誰にも負けない。その気持ちに支えられて猛烈に仕事し、本を読んだり、ずっと先を歩く素晴らしい方々に直接会って話し刺激を受け、経営の勉強もし続けてきた。それは、今も変わらない。

まだ、我が社は未完成とはいえ、ある程度（70点？）成功しているとしたら、その要因は創業期から変わらない「強い思い入れ」と「継続的な勉強」なのかもしれない。もちろん、ぼくについてきてくれた全社員の皆さんの日々の地道な努力がなければここまで来られなかったのは事実である。本当に感謝に堪えない。

次世代の経営者、起業家たちに向けて

ぼくが尊敬して止まない人物が二人いる。

一人は先ほども述べたが、主観的な目で独自の理論をつくり出し経営を実践されてきた松下幸之助さん、もう一人は客観的な目で企業や組織を見続け、そこから経営とは何かを発見したピーター・F・ドラッカーさんだ（以下、敬称略）。お二人とも、経営に対する考え方はとても似ているように感じられる。おこがましいが、お二人ともに著作を通じて大きな影響を与えていただいた、いわばぼくの大恩人である。

NHK教育テレビで『知る楽（ＳＨＩＲＵＲＡＫＵ）』という25分間番組がある。２００９年６月、毎週木曜日の『仕事学のすすめ』に合計４回、ぼくが出演して「わがドラッカー流経営論」について語った。

ドラッカーは、仕事の節目や壁に当たったときに何度も何度も著作を読み返し、そのたびに感銘を受け「よし、頑張ろう！」と発奮させられてきた。

そこからぼく自身が学び、咀嚼《そしゃく》して得た経営論について、その番組を通じて視聴者の皆さん、とくに若い経営者や起業家の皆さんに伝えたかったことを「顧客の創造」に関連することについてのみ取り上げ、本書の締めくくりとしよう。

ドラッカーは経営に関する多くの名言を残したが、なかでも経営の本質をついた言葉だと感じるのはこれだ。「企業の目的として有効な定義は一つしかない。すなわち、顧客の創造である。」(上田惇生《あつお》訳『現代の経営』ダイヤモンド社)

この言葉は、企業は、自分たちが何を売りたいかよりも、まずお客様が何を求めているかを考え、お客様にとって付加価値のある商品を提供すべきである、ということを意味している。洋服屋は質の高い洋服を売り、青果店は安くて新鮮な野菜や果物を売る。それぞれの事業を通じて、社会や人に貢献するからこそ、企業はその存在を許されているのだ。

企業は、どんなに良い企業であっても利益を出さなければ存続不能になるので、利益を出すことも大事である。だが、利益とは社会の公器である企業が、その役割を果たしていくための必要なコストであり条件である、とドラッカーは述べている。利益を追求するだけで、お客様のほうを向いていない企業はいつしか淘汰《とうた》され衰退していくものなのだ。

ユニクロはベーシックなカジュアルウェアを低価格で販売する企業という印象を持っている方が多いと思うが、安く売るという前に「良い商品をつくって、あらゆる人に買っていただきたい」という思いが強い。価格を安く設定しているのは、そのための手段と位置づけている。つねにお客様にとって付加価値のある良い商品とは何かを考え、それを提供することが、顧客の創造につながると考えている。また、付加価値をつけるというのは具体的にどういうことかというと、今までになかったものを作るということである。だからこそ、１００のものが１０００にも１万にもなる大きなビジネスチャンスが潜んでいるのだ。

ユニクロは、従来の衣料品小売業界で一般的であった委託販売方式を取らず、自社で商品企画開発、製造、販売を一気通貫で行っていることは、これまで述べてきた通りだ。商品が売れなければそれだけ在庫を抱えるリスクを同時に背負いこんでいる。しかし、１０００円で売れなければ、誰にも遠慮せず５００円に下げて売ることができる。リスクを持っているということは、自分でリスクをコントロールできるということでもある。すべてのリスクが分かっていてそれを自分でコントロールできるというのは、実は大きな利点でもあるのだ。

「顧客の創造」に関して、ドラッカーは「企業の目的は、それぞれの企業の外にある。」（『現代の経営』）とも言っている。これも小売業のあり方を考えるうえで非常に重要な名言である。

いま現在お店に来てくれているお客様だけをターゲットに商品を売っていても、それ以上の広がりは望めない。本来、我々がターゲットにすべきなのは、まだお店に足を運んでくれていないお客様、つまり潜在的な需要をつかまえることなのである。このことを、そのように表現しているのだ。

まだ見ぬお客様を引きこみ、ユニクロの商品の良さをわかってもらうためには、より多くの人々に求められる付加価値の高い商品を開発する必要が出てくる。フリース、ヒートテックなどの大ヒットもこうした考え方によって生まれたものである。どちらの商品も、もともと市場にあった商品（フリースは登山・アウトドア用の高価な商品。ヒートテックはあったか肌着、いわゆるババシャツ）に改良・改善を加え、お客様の潜在的な需要をキャッチし、そこに低価格、豊富なカラー展開、高い機能性といった付加価値をプラスしたものである。

顧客を創造するためには、付加価値を持った商品を開発するということ以外に、もうひとつ大切なことがある。テレビコマーシャルや雑誌などを使ったイメージ戦略や企業の姿勢を伝えていくPR活動がそれだ。

我が社はどういう企業であり、そのブランドメッセージは何なのかを世間に知ってもらうことも、小売業にとっては重要な意味を持つと考えている。その店や企業が何をやっているのか、何を売っているのかをきちんとお客様に伝えなくては何も始まらない。たまたま通りがかったお客様が入店してくれるのを待つだけでは、絶対に顧客の創造にはつながらない。

ユニクロが広島証券取引所に上場した1994年7月から、店舗で始めたことが3つある。

・購入後3か月は理由を問わず返品交換します。

・広告商品の品切れを防止します。万一品切れの場合は、即取り寄せるか、代替商品を手配します。

・いつでも気分よく買い物をしていただくためにクリンリネス（清潔・整頓《せいとん》）の徹

底した売り場を作ります。

この最初の「返品交換に応じます」ということを伝えるためにテレビコマーシャルを作った。関西のおばちゃんが店の中で服を脱ぎ「交換してぇーな」と叫ぶCFだ。

個人的には傑作ができたと喜んでいたが、いざ放映されるとお茶の間、とくに年配の方たちから「下品」とか「自分の姿を見ているようで嫌悪《けんお》感《かん》を覚える」「女性蔑視《べっし》ではないのか」等々、苦情の電話が殺到し、急遽《きゅうきょ》3か月で放映中止にした。結果は、伝えたかったことがまったく伝わらなかったということになる。

ただし、話題にもなったのでユニクロの知名度は飛躍的に上がり、我が社にとってあのCFは失敗でもあり成功でもあったと思う。

その後のCFでは、ミュージシャンの山崎まさよしさんを起用したフリースのコマーシャルは大成功した事例だ。前回の反省も踏まえ、一方的に「伝える」のではなく、結果的にきちんと「伝わる」ものを作ろうという考え方で制作をお願いした。

その商品はどこがどのように良いのか、価格はいくらなのか、いつから売っているのか、という具体的な情報、つまり「実質」をちゃんと伝えたうえで、「イメージ」をプラスすることが重要だ。実質をイメージとともに伝えることができれば、10のものが20にもなる効果がある。宣伝広告は実質のターボエンジンのようなものである。

ドラッカーはこうも語っている。「あらゆる者が、強みによって報酬を手にする。弱みによってではない。したがって、つねに最初に問うべきは、『われわれの強みは何か』である。」（上田惇生訳『乱気流時代の経営』ダイヤモンド社）

弱いところを何とかしようと努力しても、時間ばかりかかって労力のわりに成果は上がらない。それなら弱い部分は無視して、自分たちの強い部分を活《い》かした経営をしたほうがよい。不思議なことに長所を伸ばしていくと、欠点というのはどんどん消えていく。人間は長所を褒められると、欠点をカバーしようという気持ちが自然に芽生えるが、それは企業にも同じことが言える。企業の優れた部分をより強固にしようとすると、欠点はやがて隠れて見えなくなるものだ。

ぼくは経営でいままでも数限りない失敗を経験してきたが、今後も失敗を恐れずに、新しいことにどんどんチャレンジしていくつもりである。そしてまた、新たな長所を見つけて、それを伸ばしていくことが、さらなる成長につながると考えている。

２００９年　新年の抱負

柳井　正

２００９年の年頭に際し、「２０２０年の夢」と題して新春の抱負を述べさせていただきます。

２０２０年のＦＲグループの夢は世界で一番革新的な効率の高い企業になり、２０２０年経常利益１兆円、売上高５兆円を達成することです。

そのためには今年から毎年20％の成長と20％の売上高経常利益率をたたきだす必要があります。

私は真剣にこの課題に挑戦する覚悟を決めています。

また、全執行役員にこの課題に挑戦していただきます。

当然ですが、

この課題は一人の経営者や経営チームが覚悟を決めてもできることではありません。

経営者全員、管理職全員、社員全員が心をひとつにして長期計画をつくり、中期計画をつくり、短期計画をつくり、毎日、毎週、毎月、毎四半期、毎半期、毎年ごとに実行修正していかなければ実現できません。その時に何より必要なのは、この夢を実現するために

我々全社員の経営のベクトルを合わせる必要があります。

そこでのベクトル合わせに必要な今年の我が社のモットーを

グローバルワン・全員経営にしました。

この意味するところは世界市場でONE & ONLYの存在になるために、

グローバルワン＝世界で一番良い方法でFRグループ全事業を経営していくことです。

我々は何者で、何を目指して、どこに行くのか？

現状はどうなのか？

理想は何なのか？

毎日毎日真剣勝負をして、現実を直視して、理想を追求して、

考えて考えて考え抜き、実行して実行して実行して、必ず、栄冠を手に入れます。

私は本当にFRグループを世界で一番成功した企業にしたい、世界一のアパレル製造小売業にしたい、と心から思っています。ご存知のように今、世界の経済は1929年の大恐慌《きょうこう》に匹敵する世界的大不況に突入しています。

まさに危機の到来です。しかしながらこのような時期こそ、我々のような新しいタイプの企業が大飛躍するチャンスだと思います。過去、多くの世界的な大企業は大不況等の試練のおかげで成長しています。

しかも近年、各国経済からグローバル経済への大変革が始まったばかりです。今までのような一国だけの大成功ではなく、全世界で大成功をする可能性があります。まずこれを皆さん徹底認識してこの絶好の機会を生かしてください。

次に、全員経営についてお話します。

ユニクロが創業からここまで成長してきた大きな要因は、全社員が経営者マインドを持っていたからです。

経営者マインドとは顧客の要望に応《こた》えること、会社の成果を達成すること、困難な状況下で何とかして会社の課題を解決することを、全社員一丸となって実践したところにあります。

本当に企業を変革して大成長させようと思えば、全社員が経営者になる必要があります。

我々の会社の成長期がまさにそうでした。

現在ではウォルマートがそうです。

過去ではホームデポ、松下電器、ホンダ、IBMがそうでした。

全員経営企業＝FRグループにしようと決心しました。

全社員が変革、効率化に異常に熱心なHOT COMPANYにします。

全員が経営者になり、全員が世界一を目指す、全員が燃えるグループにします。

全員がチームの一員である集団をつくります。

全員が経営マインドを持つ独立自尊の商売人になります。

顧客にとっての付加価値とは何かを考えて、考えて、考え抜き、全員が即実行できる集団になります。

なぜなら顧客にとっての付加価値こそ商売と経営の真髄だからです。

われわれはいつもこれを最優先します。
我々全社員は1枚1枚の服の企画、生産、販売を通じて
お客様の満足の最大化を図ります。
反対に世の中を変えるような大ホームランを狙《ねら》います。
1000万枚単位のホームランを狙います。
本当に真剣に、真剣に、真剣に1枚、1枚をお届けします。
それと同時に1000万枚単位で売ることをいつも、いつも、いつも考えていきます。
お客様に満足して帰っていただく。この次もユニクロに行こうと思ってもらう。
お客様の満足は期待以上の商品を手に入れることです。
お客様の満足は期待以上のサービスを受けられることです。
そして、最低条件はお客様に不平、不満を絶対に持たれないことです。
我々は残念ながら大企業病にかかっています。
全社員、特に全管理職にお願いします。
打破！　サラリーマン体質

打破！　官僚組織
打破！　お偉いさん経営
打破！　能書き解説経営
打破！　評論家経営
打破！　分析報告経営
打破！　大会社意識
私は今年60歳です。そしてＦＲも創業60周年です。
しかしながら60周年記念事業もイベント、お祝い、贈り物等も内外問わず一切不要です。
なぜなら今はＦＲユニクロの経営基盤をつくる最重要な時期であり、まだまだ未完成でそんなお祝いをするタイミングではないと考えているからです。

我々は日本を代表するグローバル企業になり、日本発外資企業になり、世界中で高収益ビジネスを展開し世界中で大成長します。

日本の強みをユニクロの強みにします。

日本の強みを強化して、今まで誰も実現したことのない新しい日本の企業をつくります。

私はFRグループ全社を、特にFR本部を経営意識業務変革本部にします。
FR＝FR MANAGEMENT LEARNING CENTERにします。
年間に10億円以上の教育予算をつけ、5年で大量の経営者を育成します。

毎日、経営、商売、仕事を学習して、即全員で実行できる企業をつくります。
世界中から才能のある人を集めます。
世界中の才能を徹底的に利用します。
志、経営理念、価値観、行動規範を統一します。
執行役員以下管理職全員を鍛え直します。
若い人を抜擢《ばってき》し、人材育成をします。
志と企業に対するロイヤリティーの高い人を
3年から5年で経営者の入り口に立たせます。
10年間で一人前の経営者に育成し、世界中のグループ事業で活躍してもらいます。
世界中の叡智《えいち》を結集して世界一の会社をつくります。
凡才を育てます。

天才を発見し彼らの強みを生かします。

今まで60年間我々の先輩たちが積み重ねてきた「経営理念二十三カ条」、「ファーストリテイリングの精神　商売　経営　仕事」、「FR WAY」を手始めに企業の文化、価値観、経営の原理原則、行動規範をすべて明文化し、はっきりさせます。そして全社員にその実践を強く要求します。

執行役員以下管理職全員を、社員の模範にします。

模範になることでリーダーシップを発揮できない幹部は不要です。

理解できない、実践できない社員はいりません。

FRユニクロを世界のビジネス史に名を残すような企業にします。

経営は矛盾の解決です。

矛盾を誰とでも自由に討議し、素直にしなやかに解決し、全員で実行する企業にします。

私は、個人と私企業こそが社会を変えることができると信じています。

決して国や、政府や、行政ではありません。
全世界を良い方向に変えていきます。
社会をブレークスルーする会社にします。

ユニクロは
あらゆる人が良いカジュアルを着られるようにする新しい日本の企業です。
FRグループは服を変え、常識を変え、世界を変えていきます。

ノースフェイスとコンバースを再建したあるアメリカ人が「会社再建は簡単です。
全社員の意思と経営者の意思を同一にすることです。」と言っていました。

最後に私の最も好きな言葉を皆さんに贈ります。

店は客のためにあり、
店員とともに栄え、
店主とともに滅びる

おわりに

ぼくは今まで真面目《まじめ》に「本当に良い服とは何か」を考え続け、それを創《つく》り出し、世界中の人々に喜んでほしくて、いろんな面で「正しさ」にこだわりながら小売業の経営を続けてきた。

どんな商売どんな業種でも、何の努力もせずに楽をして儲《もう》けられるものは無いが、小売業は日々の地道な積み重ねが大切で、続けるのが特に難しい。店を開けていれば自動的に売れるものではないのだ。

お客様が店に来てくれなければどうしようもないし、来店してくれても商品を気に入って買ってくれなければ売上にならず、売上が繰り返し続かなければつぶれるのを待つだけである。新商品を店頭に出すときには、今でも「1枚でも多く売れてくれ！」と祈るような気持ちになる。

店をつぶさないようにするためには、お客様に気持ち良く店に来ていただけるように努力し、足を運んでくれたお客様に商品を気に入っていただけるように商品力を高め、既存のお客様にも新たなお客様にも繰り返し飽きずに店に来ていただけるように、完成された会社・ブランド・店・商品・社員に一歩でも二歩でも近づけるように地道な努力をしなければならない。

当たり前のことだが、売れるような努力をし続けないと、絶対に売れない。現場の状況をよく見てよく知って、まずいな、と思ったらすぐに修正する。その繰り返しである。売れないとか利益が出ないのを、景気や天気や他人のせいにしてはならない。日々の仕事の精度が何日前、何年前、何十年前と比べてどれだけ上がったのか、それが勝敗の分かれ目になると思う。そういう意味でのキーポイントは、製造業でもサービス業でもどんな業種でも変わらないし、スポーツでも同じだろう。

スポーツはベストを尽くして練習すればするほど上達する。商売も試行錯誤を繰り返し、何度も練習し挑戦すれば上達するものだ。我が社は今では日本国内だけでなく、グローバルな展開をするなかで世界中の競合相手と戦う毎日である。

ぼくが仕事をしている部屋の壁には、ニューヨーク5番街の白黒写真が飾ってある。たとえば、5年後とか10年後には、ユニクロがニューヨークの5番街にも店を出しているという可能性はある。本当は今すぐにでも出せるとは思うが、賃料が猛烈に高いので、それでも利益が出せると判断できるようになれば出店するかもしれない。2009年5月16日付の『タイムズ（THE TIMES）』のぼくへの取材記事にも載った通り、今は単なる夢物語や笑い話であっても「GAPだって買える」ときがくるかもしれない。夢や目標について常に考え続け、繰り返し地道に実務を実行し、挑戦し続ければ夢や目標は必ず叶《かな》うものだ。

いまここに、僕に宛《あ》てた2010年1月12日にニューヨークで開催予定の表彰式への招待状がある。差出人は、全米小売業協会（the National Retail Federation：略してNRF）のNRF国際賞選考委員長だ。NRFは小売業に関しては世界で一番権威のある機関である。ここでは毎年、小売業で卓越した実績をあげ、国際的な評判を得た企業を1社だけ選んで表彰している。

過去にはZARA、H&M、カルフール、メトロAGなどが選ばれていて、日本からは1998年にイトーヨーカ堂の伊藤雅俊《いとうまさとし》氏が、1985年にはジャスコの岡田卓也《たくや》氏が選出されている。表彰式当日は、全米から1000名ほどの小売業のCEOや経営幹部が集結するという。ファーストリテイリングは満場一致で選ばれたと、その招待状には書かれてある。我が社のグローバル展開を評価していただいたということで、会社にとってもぼくにとっても、たいへんに名誉なことだと思っている。これからもこの受賞に恥じないように、日々研鑽《けんさん》努力を重ねていくつもりである。

経営は常に「砂上の楼閣」と同じである。油断して自己点検、自己変革しなくなったら、その時点で終わる。今後とも、我々グループ内のすべての経営者と社員全員が同じ希望と高い志を持ち続け、現実・現場をしっかり認識したうえで、世界一を目指し、常に最大限の努力を怠らない企業グループにしていきたいと考えている。

文庫版あとがき

ぼくがこの本で伝えたかったのは、「現状維持は愚の骨頂」であり、安定志向こそが会社を滅ぼす、まさにタイトル通り「成功は一日で捨て去れ」ということである。まずは現状を否定し、そこからの泥臭い一進一退の悪戦苦闘の連続こそが自分自身の、そして自分が所属する会社の将来につながっていくのだ、とのべた。

本書の各章末には、それぞれの年頭にぼくが全社員に向けた「新年の抱負」を載せてある。それを読めば、ぼくが実際に社員に何を語り、何を求め、どこに進もうとしてきたかがおわかりいただけると思う。

早いもので2009年10月の単行本刊行から、すでに2年半近くが過ぎた。そこで、文庫版である本書刊行までの間の「新年の抱負」を、若干要約して載せてみることにしよう。この2年半の間に、いったい我々が何を目指してきたのかについて理解していただけることだろう。

2010年　新年の抱負―民族大移動―

昨年はパリ旗艦店の大成功、「＋J」の世界的な反響、ヒートテックの大ヒット等々で世界中の評価が高まり、世界に胸を張って出て行けるようになりました。本当に嬉《うれ》しい限りです。ありがとうございます。心からお礼を申し上げます。

いま、世界の成長セクターは中国からインドまでのアジアにあります。我々は今後、アジア全域に出店していきます。アジアの成長を追い風にして、まずは、ダントツのアジアNo.1企業になります。また、欧米の大都市に出店地を拡大していきます。今春のトピックスはロシアのモスクワ出店と上海旗艦店のオープンです。

積極的な事業展開と同時に、FRグループ各社が本当に社会に貢献できるように、今まで以上に、全商品回収を活発化し、全世界の難民数と同数の3000万点以上を難民キャンプに届けたり、バングラデシュ、ベトナム等での経済発展、産業育成、起業支援、自立を促すソーシャルビジネスを開始します。

このような状況下で、ＦＲグループの全社員が世界の各地に出て行くことになります。あなたも例外ではありません。グループ間の人事異動も国を超えて積極的にやっていきます。東京本部の人たちも近い将来半数以上が外国人になります。

いま、我々の目の前に世界最高のビジネスチャンスがあります。ＦＲグループはこのビジネスチャンスを全社員とともに必ずものにします。このチャンスをものにできるかできないかは、今日あなたのお店のお客様が満足した買い物をされ、この次もあなたの店で買い物をしようと思ってもらえるかどうかにかかっています。不満足なお店やサービスが少しでもあればそこからチャンスは崩壊します。

我々の競争はすでにグローバルな競争に変わってきています。我々は世界中で世界有数の競争相手と戦っています。この競争には必ず勝ちたいと思っています。

２０２０年のＦＲグループの夢は世界で一番革新的で効率の高い企業になり、２０２０年経常利益高１兆円、売上高５兆円を達成することです。毎年20％の成長と20％の売上高経常利益率をたたきだす必要があります。私は真剣にこの課題に挑戦する覚悟を決めています。全社員にもこの課題に挑戦していただきます。

我々、ＦＲグループが今後の大成長をするためには、グループ全社の本部と現場を、強い本部と強い現場につくりかえなくてはいけません。世界中のグループ全社がひとつの会社のようになるグローバルワンファームを絶対に実現させるためにも、強い本部と強い現場が必要不可欠です。今年もFRグループ全社にとって一番大切な合言葉は「グローバルワン全員経営」です。社員一人一人が強い本部と強い現場につくり変えるのは自分だという気概を持っていただきたい。

これはFRグループ全社を年商1兆円から5兆円の事業体の事業プロセスに変える過程を意味します。本当に世界中のお客様に喜んでいただける最高の企業に大成長したいとおもいます。世界には無数の製造小売アパレル企業があります。その中で一番革新的で卓越した企業グループになる必要があります。

事業経営のあらゆる過程を低い水準のスペックではなく、世界のどこの企業と比較しても遜色《そんしょく》のないハイスペックのプロセスに標準化していく必要があります。今後は世界中の現場と強い本部（グローバルヘッドクォーター）が即断、即決、即実行して課題の解決とチャンス開発をやっていきます。

その時の考え方の根本は全社最適と長期的な視点に基づいた全社連動の仕組みをつくり、それを全世界で標準化していくことです。ワンプラットフォーム（世界でひとつの経営基盤）でマイクロマネージメント（現場の細かいところまで経営をしていくこと）をやっていきます。

本部は各事業の支援に徹して、1店舗のようにきめ細かく、1万店舗を支援できる仕組みと本部社員の意識改革をしていきます。また全社の経営トップから入社したばかりのパート、アルバイトの社員まで「全員経営」を要求していきます。

これは全員が的確な判断と実行ができる能力を身につけることを意味し、売場の店長と商品生産系担当者、営業担当者、管理系の担当者等々の本部担当者が議論して結論をだして即実行する会社にしていきます。その時の基本的な考え方は、店長と本部担当者全員が自分こそが最終責任者であると自覚するところにあり、その自覚が一人ひとりの社員の成長を促します。今後も、怠け者店長や頼りない本部社員、丸投げ管理職の撲滅をしていきます。ＦＲグループ全員が良識を持つグローバルで活躍できるビジネスパーソンになります。

再度、全員経営についてお話しします。ユニクロが創業時から成長してきた大きな要因は、全社員が経営者マインドを持っていたからです。経営者マインドとは、顧客の要望に応《こた》えること、会社の成果を達成すること、困難な状況下で、何とかして会社の課題を解決することを、全社員一丸となって実践しようとすることです。

本当に企業を変革して大きく成長させようと考えれば、全社員が経営者になる必要があります。全社員が変革、効率化に異常に熱心なHOT COMPANYにします。全員が経営者になり、全員が世界一を目指す、全員が燃える集団にします。全員がチームの一員である集団をつくります。全員が経営マインドを持つ独立自尊の商売人になります。

日本の強みを、ユニクロの強みにします。日本の強みは、勤勉、勉強熱心、自分の仕事に対する責任感、ホスピタリティー、忍耐心、世界最高の製造技術、謙虚さ、他人への思いやり、会社に対するロイヤリティー等々です。残念ながら、昨今の日本を見たときにはこれらの強みは薄れてきています。我々は本来日本が持っていた日本の強みを世界に通用するように強化して、今まで誰も実現したことのない新しい日本の企業をつくります。

毎日、経営、商売、仕事を学習して、即全員で実行できる企業をつくります。世界中から才能をある人を集めます。世界中の才能を徹底的に活用します。志、経営理念、価値観、行動規範を統一します。執行役員以下管理職全員を鍛え直します。若い人を抜擢《ばってき》し、人材育成をします。

志と企業に対するロイヤリティーの高い人を3年から5年で経営者の入り口に立たせます。10年間で一人前の経営者に育成し世界中のグループ事業で活躍してもらいます。世界中の叡智《えいち》を結集して、世界一の会社をつくります。

企業の文化、価値観、経営の原理原則、行動規範の実践を全社員に強く要求します。戦後の焼け跡の中から不死鳥のように世界にでていったSONY、HONDAのようにユニクロをはじめFRグループ全社員は世界に出て行きます。

2011年　新年の抱負——Change or Die——

今年は必ず結果をだします。2020年売上高5兆円、経常利益1兆円の達成を確実にする「実行」の最初の年にします。1年間で、必ずこの目標が達成可能だと確信できる成果をだします。残念ながら、昨年1年間、我社の業績は芳《かんば》しくありませんでした。これは我々経営陣の責任です。私はこの失敗の原因を徹底認識するとともに、今年を成長軌道にのせる一年にしていきます。

不振の真因は、本部経営管理職のやるべき仕事の特定とその実行に対するコミットメントが足りなかったことにあります。本部全社員の日常の仕事での理解力、判断力、注意力、集中力が不足していたのです。さらに言えば、即実行する事、継続できる仕事の仕組みの構築、実行の徹底がなされなかったところにあります。今年はグローバル本社にふさわしい経営管理職、各担当者になるように変革を強く要求します。

今年3月のFRコンベンションは、例年、店長コンベンションをやるところを本部コンベンションに変えました。また計画に関しても今後は、3年計画でなく、一年の実行計画を経営管理職全員で実行していきます。必ず満足すべき成果をだします。

さらに、世界各地の現場で商売をやっている全社員にも、最高の顧客満足の実現にコミットすることを要求します。また世界各地に産地を拡大する生産の社員にも最高の商品を生産することを要求します。FRグループ全社員が1社、一人の例外もなく毎日の仕事の中で考えて、考えて、考え抜き、新しい現実に積極的に対応し、やるべきことを確実に実行する必要があります。

今年の言葉は「Change or Die」にしました。「変革しろ、さもなくば、死だ」と言う意味です。あえてこの過激な言葉を今年の方針にします。

我々は日本で急成長した世界4位のアパレル製造小売業です。世界的に知名度も上がり、お客様の期待も高まっています。しかし残念ながら、まだまだ我々の経営水準、業務水準とも満足できる水準に達していません。いま一度、全社員が世界一を目指し、仕事を変革して、世界最高水準の仕事ができるように短期間で成長する必要があります。我々FRグループの最大の目標は世界一のアパレル製造小売業になることです。我々は日本発のグローバル・イノベーション・カンパニーになる必要があります。合言葉は「グローバルワン 全員経営」です。

経営には社員が一人残らず参加します。

10年後に目指す売上は、日本1兆円、中国1兆円、アジア1兆円、米国1兆円、欧州1兆円です。目指す成果は、年率20％の成長を経常利益率20％で達成することにあります。このために上海《シャンハイ》、シンガポール、ニューヨーク、パリに経営拠点をつくり、ユニクロだけでなくセオリー、コントワー・デ・コトニエ、プリンセス タム・タム、ジーユーの経営をやっていきます。

ユニクロはイギリス、アメリカ、フランス、中国、ロシア、台湾、韓国、シンガポール、マレーシアにすでに出店しています。ドイツ、タイの出店が決まっています。今年中にインドネシア、ベトナム、フィリピンに進出できる状態をつくります。

FRMIC（ファーストリテイリング・マネージメント・イノベーション・センター）は東京だけでなく上海、シンガポール、ニューヨーク、パリに拠点をつくり、経営人材育成をやっていきます。200人の社員を一人前の経営者にするために徹底的に教育訓練していきます。

来年3月の英語公用語化に備えて、店長以上の全員が英語で円滑にビジネスができるようにしていきます。世界中で仕事をする時に英語でコミュニケーションできなければ、何も前に進まず、日常の業務から経営まで致命的な弱点になります。我々の目指すところは、我々全社員が世界中で、世界最高水準の経営をする、世界最高水準の商品をお届けする、世界最高水準の店舗経営をするところにあります。

最後に、ユニクロの服の定義を明確にします。左記に示した文章は練りに練ったユニクロの服の定義です。今後はこの定義にしたがって商品を企画、生産、広報宣伝、販売していきます。

ユニクロの服とは、服装における完成された部品である。
ユニクロの服とは、人それぞれにとってのライフスタイルをつくるための道具である。
ユニクロの服とは、つくり手でなく着る人の価値観からつくられた服である。
ユニクロの服とは、服そのものに進化をもたらす未来の服である。
ユニクロの服とは、美意識のある超合理性でできた服である。
ユニクロの服とは、世界中のあらゆる人のための服、という意味で究極の服である。

２０１２年　新年の抱負——志を持って生きる——

今年の年度方針は「志を持って生きる」にしました。志とは強い決心をして、人生をかけ、社会のため、人のために偉大な事を成し遂げることです。なぜ年度方針をこの言葉にしたのかをお話をしたいと思います。

百数十年前、山口県の萩《はぎ》に吉田松陰が松下村塾をつくり、数々の指導者を育成し、彼らが日本の近代化の原動力になり、明治維新を成功させました。彼が塾生に教えていたのは志を持って生きることでした。志は人間が生き、事をなすうえで不可欠だと思います。志を持って生き抜いていく事が大事です。志は人間とその集団にしか持ちません。特に閉塞感《へいそくかん》が漂う現在の日本と世界の中で生きていくうえで、志を持って生きることが何よりも大事だと思います。

２０１１年は日本にとってひどい年でした。３月11日の東日本大震災で壊滅的な被害を受けました。地震、津波、原発事故、それ以後の計画停電と節電。実に暗い一年でした。

政治と行政の無策と停滞もありました。１９９０年の日本のバブル崩壊以来の無策のつけが一気にきたようです。国民の預金と財産を担保に借金をしまくり、食いつぶしてしまった政府。この20年間の借金生活で、貰《もら》うことばかり考えて稼ぐことを忘れた日本人。一生懸命仕事をするよりもほどほどを良しとする国民。自己保身と欺瞞《ぎまん》に満ちた政治家と官僚。金で票を買う政治家、しかもその金は国民の税金と国民の財産を担保にした借金です。犯罪的な行為に対して本質を報道しないジャーナリズム。年金政策の崩壊と原発事故は犯罪であり人災です。

私が15年前に予想したよりも、もっと早いスピードで日本は崩壊に向かっています。今こそこの経済敗戦を心に強く認識して立ち向かっていかなければなりません。またこの未曾有《みぞう》の困難に際して個人も会社も何としても生き残らないといけません。

なぜこんなことを強く思うのか。それは私の原体験の中にあります。

私は山口県宇部市に生まれました。宇部市は炭鉱の町でした。エネルギー革命、石炭から石油への転換で、炭鉱は廃山になり、一挙に5万人の人口が減りました。炭鉱労働者が住んでいた町はなくなり小学校が廃校になりました。町と学校が突然消えたのです。その後、海岸線はセメント、硫安等の工場になり、その工場も今や海外移転し始めています。

我々の会社は昔、紳士既製服を売る小売店でした。私が若いころは大阪の谷町に紳士服の仕入れに行きました。現在、谷町は問屋街からマンション街に変わっています。また繊維の産地も日本から韓国、台湾に移り、中国になり、今は東南アジア諸国に移ろうとしています。

また、我々家族は商店街に住んでいました。私が小さいころ、商店街はたくさんのお客様でとても繁盛《はんじょう》していました。今は昔の面影はまったくなく、シャッター通りでゴーストタウンのようです。

世界中の有名な同業者を例にとってみても栄枯盛衰、時代の流れの非情さは目を覆《おお》うばかりです。本当にさびしい限りです。

そんな時代背景の中でFRは1990年代以降、急速に成長してきました。それは90年代の初頭に「90年代の日本のファッション業界はユニクロの時代だった」と言われるようにしたいと強く願い、全社員が一丸となって実行してきたからです。まさに私達の志の力が大きかったと思います。

私達は「2010年代の世界のファッション業界はFRの時代だった」と言われるようにしたいと心底思っています。それを社員全員で実現したいと思います。

昨年ユニクロはニューヨークの5番街旗艦店、ソウルの旗艦店、台北《タイペイ》の旗艦店の成功でグローバルブランドとして世界で認知されました。

ユニクロの中国事業と韓国事業は数年以内に1000億円を超える事業になります。また香港《ホンコン》事業、台湾事業、シンガポール事業、マレーシア事業、タイ事業も大きく飛躍していきます。その他のアジアの国々にも続々と進出していきます。欧州米国事業もパリ、ロンドン、ニューヨークで一番存在感のあるブランドにします。ロシア事業も急速に正常化し始めました。日本事業はグローバルブランド化するために事業の再構築をしていきます。

今春、グローバルブランドの実現を期して、銀座に東京初のグローバル旗艦店をだします。さらに今秋、新宿に世界で一番売れる要素を盛り込んだグローバル繁盛店をつくります。

セオリーもオートクチュールのデザイナーだったオリヴィエ・ティスケンスのクリエイティビティーが加わり、日本と米国の商品統一が始まり、グローバルブランドとしてより認知され始めてきました。今後は、グローバルワンセオリーでヨーロッパ、アジアでも売れるようにしていきます。コントワー・デ・コトニエとプリンセス タム・タムも経営陣が刷新され、再度飛躍を目指しています。もう一度20%以上の利益率をだせる超高効率ブランドに挑戦していきます。さらにジーユーも絶好調で、いよいよ全国的に認知度も上がってきました。

ニューヨーク、パリ、シンガポール、上海でいよいよ地域本部が稼働し始めます。各地域本部の稼働と同時にFRMIC、ユニクロ大学も全世界に拡大し、多数の優秀な人材の採用と育成に威力を発揮していきます。

私達FRグループの志は、FRWAYの言葉に集約されます。

「本当に良い服、今までにない新しい価値を持つ服を創造し、世界中のあらゆる人々に、良い服を着る喜び、幸せ、満足を提供します」

「服を変え、常識を変え、世界を変えていく」

我々の志はFRWAY、経営理念二十三ヵ条、そして、UNIQLO MADE FOR ALL にあります。

10年、20年、30年、40年あるいはそれ以上の長い年月から考えると、志のあるなしは決定的な差になります。あなたの人生がより充実して意義あるものになるように今年こそは志の達成のために、全社員で実行したいものです。

2012年は全員の志を持って、FRの各企業がグローバルに飛躍する年にします。

＊　＊　＊

2年半前、単行本のあとがきには「たとえば、5年後とか10年後には、ユニクロがニューヨークの5番街にも店を出しているという可能性はある」と書いた。これは思ったよりも早く、2011年10月に実現でき、続けてニューヨーク34丁目にもメガストアをオープンした。ニューヨークのお客様からは、期待していた以上の高い評価をいただいたと思っている。

実は、ニューヨーク5番街店のオープニングセレモニーで、ブルームバーグ市長が次のようなスピーチをしてくれた。

「今回のユニクロの出店は、JOBS（ジョブズ）だ」

この言葉の意味は、故スティーブ・ジョブズ（Steve Jobs）氏の創業したアップル社のiPhone4Sが、ユニクロの5番街店オープンと同じ10月14日に世界同時発売され、5番街のストアに長蛇の列ができたこと、そして、今回の我々のグローバル旗艦店のオープンで雇用（jobs）が生まれたこと、この二つをかけている。5番街をより魅力的な街にしてくれたことも含めて歓迎する、ということだと、手前味噌《みそ》ながらぼくはそう理解している。

ニューヨーク5番街旗艦店は、2006年にニューヨークのソーホー地区に初のグローバル旗艦店をオープンして以来、ロンドン、パリ、上海、大阪心斎橋、台北と続く7番目のグローバル旗艦店となる。ユニクロにとって、ニューヨーク5番街という立地は、全米、ひいては全世界に開かれたショールームとして大きな価値がある。いまユニクロは、グローバルブランドとして世界で認知され始めたと感じている。これも我々全社員の力だと思っている。

いつも言っているように、夢や目標について常に考え続け、地道に実行を繰り返し、挑戦し続ければ、それらは必ず叶《かな》うものなのだ。

2020年の売上高5兆円、経常利益1兆円の達成を確実なものにするためには、現場・現物・現実はまだまだ課題だらけだ。しかし、安定志向に入った瞬間に会社は死ぬのだ、と自らに思い聞かせ、志を高く持ち、愚直に前に向かって一歩一歩進んでいこうと思っている。

本書が前著『一勝九敗』と同様に文庫化され、ユニクロの服のように手軽に手にとってもらえるようになったことは実にうれしい限りだ。

読者ご自身の気づき、客観的評価と自己革新するためのきっかけになってもらえればさらに幸せである。

2012年1月

柳井　正

【巻末資料】

FAST RETAILING WAY（FRグループ企業理念）

Statement　ステートメント

服を変え、常識を変え、世界を変えていく

Mission　ファーストリテイリンググループのミッション

ファーストリテイリンググループは――

・本当に良い服、今までにない新しい価値を持つ服を創造し、世界中のあらゆる人々

に、良い服を着る喜び、幸せ、満足を提供します
・独自の企業活動を通じて人々の暮らしの充実に貢献し、社会との調和ある発展を目指します

Value 私たちの価値観

・お客様の立場に立脚
・革新と挑戦
・個の尊重、会社と個人の成長
・正しさへのこだわり

Principle 私の行動規範

・お客様のために、あらゆる活動を行います
・卓越性を追求し、最高水準を目指します
・多様性を活《い》かし、チームワークによって高い成果を上げます

- 何事もスピーディに実行します
- 現場・現物・現実に基づき、リアルなビジネス活動を行います
- 高い倫理観を持った地球市民として行動します

【FR WAYの解説】

■「ミッション（Mission）」は、ファーストリテイリングのグループ使命を表し、ファーストリテイリンググループが何のためにこの世に存在し、企業活動を通じて世の中に何をもたらそうとするのかを示す理念です。

本当に良い服

人は誰もが良い服を求めています。しかし一口に良い服といっても、一人ひとりのお客様が求める良い服はそれぞれ異なり、非常に幅広く多様です。場合によっては、自分にとって良い服とは何かということ自体を意識していない、という方もいらっしゃるでしょう。このように、良い服というものを定義し創造することは、簡単なことではありません。

だからこそ、ファーストリテイリングは、誰もが心の底からほしくなるような「本当に良い服」をつくりだすことを企業命題にかかげます。

ファーストリテイリングの歴史は、この「本当に良い服」を追求する歩みでした。

私たちはその歴史を通じて、「本当に良い服」は個々のライフスタイルの違いを超えて様々な人々に支持されることを実証してきました。「本当に良い服」は、より多くの人々からより強く愛される力を持っていることを体験してきました。「本当に良い服」は、国境を越え民族や文化の違いを超えて、全世界に共感の輪を広げつつあります。

私たちファーストリテイリングは、「本当に良い服を創造する」という命題のもと、その時その時における人々の要望を見つめながら、良い服を追求し続けます。そしてこの命題を実現する力を持った企業を結集して、服飾関連の企業グループを形成し、個々の企業の力とグループの総力をあげて「本当に良い服」の創造に取り組んでいきます。

今までにない新しい価値を持つ服

では、「本当に良い服」とは、一体どんな服なのでしょうか。人々から真に愛される「本当に良い服」は、かつて存在したり現時点で存在する人々の好みや欲求の最大公約数からは生まれてきません。

「本当に良い服」とは、従来からの服が持つ価値観から抜け出した「新しい価値を持つ服」でなければならないのです。お客様が抱いておられる服の概念をも超越した、

「今までにない新しい価値」の提案をするからこそ、より多くの人々の心をゆさぶることができ、お客様の熱い支持を獲得することができるのではないでしょうか。「新しい価値を持つ服」の開発に取り組み、「本当に良い服」を創造するファーストリテイリングは、これからも、組織をあげて服の新たな可能性を拓《ひら》き続けていきます。

あらゆる人々に、良い服を着る喜び、幸せ、満足を提供

そしてファーストリテイリングは、「本当に良い服」を通して、あらゆる人々に、良い服を着る喜び、幸せ、満足を提供していきます。また服飾関連商品も提供して、服を着る喜びの世界を一層豊かに広げていきます。

ファーストリテイリングは、服の力で、人々の生活や人生を豊かにしていきます。

独自の企業活動を通じて人々の暮らしの充実に貢献

ファーストリテイリングは、「本当に良い服」を提供し続けるため、「情報発信製造小売業」というこれまでにない事業コンセプトのもとに企業活動を展開していきます。

服は時代の空気を映し出すものであり、新しいライフスタイルの提案であり、新鮮な感性デザインであり、また新素材や新機能の体験媒体でもあります。言い換えれば服は人々にとって暮らしの中の「情報媒体」であり「情報そのもの」なのです。

ファーストリテイリングは、この「服という情報」を発信する企業として、情報発信する上で欠くことのできない情報の収集・編集・加工・伝達の全工程を、製造小売業という業態活動の中で一貫して駆動させていきます。そしてたえず先進性のある、人々にとって価値ある情報を伝え、新しい需要を創《つく》り出していきます。

ファーストリテイリングは、「情報発信製造小売業」という独自の事業コンセプトによる企業活動を通じて、人々の暮らしの充実にかけがえのない存在となっていきます。

社会との調和ある発展を目指す

ファーストリテイリングは企業活動において、法律・規制を遵守《じゅんしゅ》し、社会のルールや良識に沿った活動を行い、安全で環境に配慮した商品・サービスを提供していきます。またグローバルな事業活動による環境負荷を真摯《しんし》に受け止め、その負荷の継続的な低減に取り組みます。そして地域社会やファーストリテイリングを取り巻く人々との良好な関係をはぐくみ、事業を通じて豊かな社会の発展とより良い世界の実現に貢献していきます。

■「私たちの価値観（Value）」は、ミッション達成のためのあらゆる活動において意思決定の基準となる、基本的価値観を示す理念です。

お客様の立場に立脚

私たちにとって最も大切な存在は、お客様です。私たちの全《すべ》ての活動は、お客様に喜んでいただき、満足していただくためにあります。

だから私たちがものを考える時には必ず「お客様の立場」に立って考え、「それはお客様に何をもたらすのか？」「それはお客様の要望に応《こた》えているのか？」とお客様の身になって検討し評価します。商品、売場、サービス、コミュニケーションなど、販売にかかわる活動についてはもちろんのことですが、組織体制づくりも、経営計画も、その他あらゆる経営施策についても、最終的にお客様に対してどのような変化をもたらすのか、ということを意識しつつ取り組みます。

私たちに対する最も厳しい評価者はお客様であり、私たちの存続を支えて下さるのもまた、お客様だからです。

革新と挑戦

「革新と挑戦」は、これまでのファーストリテイリングの成長を支えてきた基本精神です。これはファーストリテイリングのＤＮＡであるともいえます。これがない限り、企業の永続的な発展も、従業員の幸せも生み出すことはできません。

「革新」とは、過去の常識を疑い、ものを本質から見直して、根底からより良く、そして新しく変えていこうという姿勢です。「挑戦」とは、困難や競争に果敢に挑み、常に考えられる最高水準を目指していこうという姿勢です。私たちはこの「革新と挑戦」を、これからもファーストリテイリングの基本精神として活《い》かしていきます。

「革新と挑戦」は、企業経営レベルから、部門レベル、売場レベル、そして個人の日常活動レベルに至るまで、あらゆるレベルに一貫して求め続けていきます。

個の尊重、会社と個人の成長

企業活動の主役は、人間です。ファーストリテイリングには、その精神や事業内容に共感して集まったたくさんの従業員がいます。私たちは、その一人ひとりが、プロとしての仕事を通じて人間力を高め、誇りと自信を深め、ファーストリテイリングの主役として、輝いて活躍できる組織をつくっていきます。なぜなら、個人が成長せずに会社だけが成長することはあり得ないし、また会社が成長せずに個人だけが成長することもあり得ないと考えるからです。私たちは、個人と会社がともに成長発展して成果を分かち合える会社になります。

ファーストリテイリングは、卓越した人材が続々と育つ、人材創出企業となっていきます。

正しさへのこだわり

企業の不正は、永年にわたって育ててきたブランドの価値を、一夜にして地に落としてしまいます。

ファーストリテイリングは、経営のあり方、取引姿勢、従業員のものの考え方など、あらゆる企業活動において「正しさ」にこだわり抜きます。これが、私たちの企業姿勢です。

正しい企業姿勢と企業活動こそが、企業の信用と信頼を築く礎《いしずえ》です。企業として法規を遵守し、公正さに心がけるのはもちろんのこと、従業員一人ひとりに対しても、正しい行動を求めます。

商品やサービスそのものよりも、先《ま》ず私たちの企業姿勢を買っていただく。ファーストリテイリングは、その卓越した商品・サービスにふさわしい品格ある企業として、あらゆる人々から親しみと敬意をもって受け容《い》れられるよう努めていきます。

■「私の行動規範（Principle）」は、ファーストリテイリンググループに所属する全ての人が、日常活動において特に心がけるべき行動のあり方を示す理念です。

お客様のために、あらゆる活動を行います

私たちの事業は、お客様のために行っている事業です。売場でお客様と触れ合う仕事はもちろんのこと、たとえ直接お客様とは接しない職場の仕事であっても、全てが何らかの形でお客様につながっているのです。

私たちは、自分が担《にな》っている仕事が、どのようにお客様の喜びや満足につながっていくのかを常に考えて仕事に取り組みます。お客様が、私たちの運命を握っています。

私たちは、お客様のためにあらゆる活動を行います。

卓越性を追求し、最高水準を目指します

私たちは、常に自分の仕事に卓越性を求めます。そのため、仕事にあたっては最高の目標を掲げ、最高レベルの成果を目指します。たとえ実践の成果が目標に及ばなくても、高い目標を掲げて精いっぱい努力することから、大きな学びと進歩が得られます。低い目標を設定することは、自分自身の可能性をせばめてしまいます。高い目標に向かって全力をあげ続けていけば、いつか必ずその目標は達成することができるのです。

多様性を活かし、チームワークによって高い成果を上げます

ファーストリテイリンググループには、事業内容の異なる幾つもの企業があります。そしてそれぞれの企業には、業務内容の異なる幾つもの部署があります。またそこには、国籍、性別、年齢、雇用形態などの異なるたくさんの仲間がいて、それぞれが大切な役割を担って活動しています。ファーストリテイリンググループは、1つの目的に向かって、多様な企業や部署や人々が集まって形成されている集団なのです。

会社と会社、部署と部署、人と人が共通目的に向かって、役割を分担し、連携して取り組むのが組織活動です。組織全体が力を合わせてチームワークを発揮すれば、不

可能も可能になります。

私たちは、個々がチームの一員として大切な役割を担っていることを自覚し、仲間と共感し信頼しあえる関係をはぐくみ、主体的にチームワークを推進していきます。そして互いに異なる者同士が多様性を活かして相乗効果を発揮し、同時に全体最適を実現することで、より高い成果を上げていきます。

何事もスピーディに実行します

スピードは、事業活動において付加価値を生み出す最も基本的な要素です。スピードという言葉には、「他に先んじる早さ」と、「仕事を素速くやる」という2つの意味が含まれています。私たちは、お客様が要望される商品やサービスを、タイムリーに素速く提供するという、スピードをビジネスにしているのです。

ファーストリテイリングが世の中の変化に迅速に対応し、市場をリードし続けるためには、事業活動そのもののスピードアップが必須《ひっす》です。他に先んじて、あらゆるアクションのスピードを速め、効率を高めることこそが、ビジネスにおいて勝者となる重要なカギなのです。だから私たちは、どんな業務においても常にスピードをむねとし、間違えることをも恐れずに、即断、即決し、そして即実行していきます。

私たちはファーストリテイリングという名称が「速い小売業」に由来していることを心に刻んで行動します。

現場・現物・現実に基づき、リアルなビジネス活動を行います

ファーストリテイリングは、お客様に商品を手渡すビジネスをしています。その場、その時が、最も大切なのです。だから私たちは、いつも現場・現物・現実をしっかり見つめ、現場・現物・現実を発想の源としたリアルなビジネスをするよう心がけます。いま売場はどうなのか、商品はどうなのか、お客様はどうなのか。そこに問題はないのか、どのような可能性があるのか、どうすれば問題が解決できるのか。何よりも自分自身の目と耳と頭で、売場と商品とお客様をリアルに見つめて発想し、行動します。そしてたえず、より望ましい現場・現物・現実をつくり出すよう努力していきます。

高い倫理観を持った地球市民として行動します

私たちは、世界中の人々に服を着る喜び、幸せ、満足を提供するグローバル企業、ファーストリテイリングの一員として、一人ひとりが卓越したビジネスパーソンであ

ると同時に、高い倫理観をもったひとりの人間でなければならないと考えます。

国や民族によって文化は異なり、社会習慣や常識も違います。私たちは、自分がいま関係する社会について深く理解し、社会規範を遵守するとともに、国際社会が抱える課題や地球環境にも留意した行動に心がけ、人々から信用され信頼される地球市民として行動します。

【ファーストリテイリング主要年表】

1949年3月	山口県宇部市で柳井等（正の父親）が「メンズショップ小郡《おごおり》商事」を個人営業にて創業
1963年5月	個人営業を引き継ぎ、資本金600万円にて小郡商事（株）を設立
1972年8月	柳井正が入社
1984年6月	ユニクロ第1号店（ユニクロ袋町店、1991年閉店）を広島県広島市に出店
9月	柳井等が会長、柳井正が社長に就任
1985年6月	ユニクロ初のロードサイド店（ユニクロ山の田店、1991年閉店）を山口県下関市に出店、その後のユニクロ店舗の原形となる
1991年9月	商号を小郡商事（株）から（株）ファーストリテイリングに変更
1994年7月	広島証券取引所に株式を上場
1997年4月	東京証券取引所市場第2部に株式を上場

１９９８年10月	98年８月期決算発表　売上高８３１億円、経常利益63億円
10月	ユニクロのフリース１９００円が話題を呼ぶ
11月	首都圏初の都心型店舗、ユニクロ原宿店（東京都渋谷区）を出店
１９９９年２月	東京証券取引所市場第１部銘柄に指定
10月	99年８月期決算発表　売上高１１１０億円、経常利益１４１億円
２０００年４月	東京本部を開設
10月	２０００年８月期決算発表　売上高２２８９億円、経常利益６０４億円
２００１年９月	ユニクロ海外進出の第一歩として、英国ロンドンに出店
10月	01年８月期決算発表　売上高４１８５億円、経常利益１０３２億円
２００２年９月	中国上海《シャンハイ》市にユニクロを出店、中国における営業を開始
10月	02年８月期決算発表　売上高３４４１億円、経常利益５１１億円
11月	代表取締役会長に柳井正、代表取締役社長に玉塚元一が就任
11月	「SKIP（スキップ）」というブランド名で食品事業を開始（２００４年４月撤退）
２００３年10月	ユニクロのカシミヤキャンペーンが注目を浴びる

10月	03年8月期決算発表　売上高３０９７億円、経常利益４１５億円
２００４年１月	コンテンポラリーブランド「theory（セオリー）」を展開する（株）リンク・インターナショナル（現・（株）リンク・セオリー・ホールディングス）へ出資
2月	レディスアパレル「national standard（ナショナルスタンダード）」を展開する（株）ナショナルスタンダードを子会社化（２０06年5月撤退）
10月	04年8月期決算発表　売上高３３９９億円、経常利益６４１億円
10月	ユニクロ初の５００坪超の大型店、ユニクロプラス心斎橋筋店（大阪府大阪市、現・ユニクロ心斎橋店）を出店
２００５年３月	靴小売チェーンを展開する（株）ワンゾーン（店舗名「FOOT PARK（フットパーク）」等）を子会社化（現・ジーユー）
5月	欧州中心に「COMPTOIR DES COTONNIERS（コントワー・デ・コトニエ）」ブランドを展開するネルソン フィナンス社の経営権を取得
9月	代表取締役社長の玉塚元一が辞任（8月31日付）。柳井正が代表取

	締役会長兼社長となる
9月	コントワー・デ・コトニエ　ジャパン（株）を設立、2006年春から日本市場での出店準備を開始
9月	イタリア「ASPESI（アスペジ）」ブランドの日本での販売子会社である、（株）シールドを子会社化、アスペジ・ジャパン（株）に改称（2008年7月撤退）
9月	ソウルに韓国初の店舗を出店
9月	ニュージャージー州に米国初の店舗を出店（2007年4月閉店）
9月	香港《ホンコン》初の店舗を「尖沙咀（チムサアチュイ）」に出店
9月	ウィメンズインナー専門店「BODY by UNIQLO（ボディ・バイ・ユニクロ）」を銀座（東京都中央区）に出店
10月	05年8月期決算発表　売上高3839億円、経常利益586億円
10月	ユニクロの旗艦店となるユニクロ銀座店（東京都中央区）を出店
10月	キッズ・ベビー専門店「UNIQLO KIDS（ユニクロキッズ）」を出店
11月	持株会社体制へ移行

2006年2月	フランスの代表的なランジェリーブランド「PRINCESSE tam・tam（プリンセス タム・タム）」を展開するプティヴィクル社を子会社化
2月	「COMPTOIR DES COTONNIERS」日本1号店を出店
3月	東京本部を東京都千代田区九段北へ移転
3月	低価格カジュアルブランド店「g.u.（ジーユー）」を展開する（株）ジーユーを設立（現・ジーユー）
4月	婦人服等の企画・販売を展開する（株）キャビン（店舗名「ZAZIE（ザジ）」「enraciné（アンラシーネ）」等）へ出資（2006年8月に完全子会社化）
6月	「COMPTOIR DES COTONNIERS」を展開するネルソン フィナンス社の株式追加取得により子会社化
6月	（株）ユニクロが東レ（株）と戦略的パートナーシップの構築を目的に業務提携を結ぶ
8月	（株）キャビンの株式追加取得により子会社化
9月	ユニクロの「全商品リサイクル活動」がスタート

10月	06年8月期決算発表　売上高4488億円、経常利益731億円
10月	「g.u.」の1号店を千葉県市川市に出店
10月	婦人靴専門店チェーンの（株）ビューカンパニー（店舗名「VIEW（ビュー）」等）へ出資（2008年2月に子会社化、現・ジーユー）
11月	米国ニューヨーク市にユニクロ初の1000坪のグローバル旗艦店、ユニクロソーホー　ニューヨーク店を出店
2007年3月	1000坪級の日本最大ユニクロ大型店「神戸ハーバーランド店」を出店
4月	Tシャツ専門店「UT STORE HARAJUKU.」を出店
5月	東日本最大級1000坪のユニクロ世田谷千歳台《ちとせだい》店（東京都）を出店
10月	07年8月期決算発表　売上高5252億円、経常利益646億円
11月	英国ロンドン　オックスフォードストリートにグローバル旗艦店を出店
12月	韓国初の大型店舗、ユニクロ明洞《ミョンドン》店を出店

12月	パリ郊外ラ・デファンスにフランス初のユニクロ店舗を出店
2008年3月	(株)ビューカンパニーを公開買付けにより完全子会社化
6月	『UNIQLOCK（ユニクロック）』が世界3大広告賞の「カンヌ国際広告祭」でグランプリを獲得
9月	ジーユー、ワンゾーン、ビューカンパニーの3社を経営統合、GOVリテイリングを設立
10月	08年8月期決算発表　売上高5864億円、経常利益856億円
11月	バングラデシュでの生産を目的とした合弁会社CPAT(SINGAPORE) PRIVATE LTD.社に出資
12月	中国華南地区1号店として、ユニクロ深圳太陽広場店を出店
2009年3月	GOVリテイリングのジーユーが「990円ジーンズ」を発売、話題を呼ぶ
3月	(株)リンク・セオリー・ホールディングスを公開買付けにより子会社化
3月	ファッションデザイナー　ジル・サンダー氏とユニクロ商品のデザインコンサルティング契約締結

4月 シンガポール共和国における1号店「タンパニーズ ワン店」を出店
4月 ユニクロが中国においてネット通販事業をスタート
4月 TOKYOのメガストア「ユニクロ新宿西口店」を出店
8月 シンガポール2号店「アイオン オーチャード店」を出店
10月 パリのオペラ地区に、グローバル旗艦店を出店
10月 ユニクロ銀座店が700坪の超大型店としてリニューアルオープン
10月 ジル・サンダー氏デザインによるコレクション、ユニクロ「+J」を発売
10月 09年8月期決算発表 売上高6850億円 経常利益1013億円
2010年3月 東京本部を六本木ミッドタウン・タワーに移転
4月 ロシア初のユニクロ店舗「アトリウム店」をモスクワに出店
5月 ユニクロのグローバル旗艦店「上海南京西路店」を出店
7月 ユニクロが(株)東レと「戦略的パートナーシップ第二期5ヵ年計画」を発表
7月 バングラデシュ人民共和国におけるソーシャルビジネスのための合弁会社設立をグラミン銀行と合意

10月	10年8月期決算発表　売上高8148億円　経常利益1237億円
10月	日本で初めてとなるユニクロのグローバル旗艦店「心斎橋店」をオープン
10月	台湾初のユニクロ店舗「ユニクロ統一阪急百貨台北店」を台北に出店
11月	マレーシア初のユニクロ店舗「ファーレンハイト88店」をクアラルンプールに出店
2011年2月	ファーストリテイリングが国連難民高等弁務官事務所（UNHCR）とグローバルパートナーシップの締結を合意
3月	大阪初の百貨店内の出店となる、「ユニクロ大丸梅田店」をオープン
3月	東日本大震災の被災地へ、生活ニーズの高い下着類を中心に、ヒートテックインナー、フリースジャケットなど、ユニクロ、ジーユーの商品を寄贈
5月	「桃・柿育英会東日本大震災遺児育英資産」の設立に際し運営資金を寄付

9月　「ユニクロ池袋東武店（売場面積1000坪）」をリニューアルオープン

9月　タイ王国初のユニクロ店舗「セントラルワールド店」をバンコクに出店

9月　台北にユニクロのグローバル旗艦店「明曜百貨店」を出店

10月　ニューヨークにユニクロのグローバル旗艦店「ニューヨーク5番街店」および、「ニューヨーク34丁目店」を出店。

10月　11年8月期決算発表　売上高8203億円　経常利益1070億円

11月　ソウルにユニクロのグローバル旗艦店「明洞中央店」を出店

2012年2月　東日本大震災被災地支援「ユニクロ復興応援プロジェクト」を発表

3月　東京・銀座に世界最大のグローバル旗艦店、「ユニクロ銀座店」を出店この作品は、平成二十一年十月新潮社より刊行された。

本文の数字・名称等は原則として単行本刊行時のものである。

柳井正著
一勝九敗
個人経営の紳士服店が、大企業ユニクロへと急成長した原動力は、「失敗を恐れないこと」だった。意欲ある、働く若い人たちへ！

村上春樹著
海辺のカフカ（上・下）
田村カフカは15歳の日に家出した。姉と並んだ写真を持って。世界でいちばんタフな少年になるために。ベストセラー、待望の文庫化。

村上春樹著
ねじまき鳥クロニクル（1〜3）
読売文学賞受賞
'84年の世田谷の路地裏から'38年の満州蒙古国境、駅前のクリーニング店から意識の井戸の底まで、探索の年代記は開始される。

村上春樹著
世界の終りとハードボイルド・ワンダーランド（上・下）
谷崎潤一郎賞受賞
老博士が〈私〉の意識の核に組み込んだ、ある思考回路。そこに隠された秘密を巡って同時進行する、幻想世界と冒険活劇の二つの物語。

河合隼雄著
働きざかりの心理学
「働くこと＝生きること」働く人であれば誰しもが直面する人生の〝見えざる危機〟を心身両面から分析。繰り返し読みたい心のカルテ。

河合隼雄著
こころの処方箋
「耐える」だけが精神力ではない、「理解ある親」をもつ子はたまらない——など、疲弊した心に、真の勇気を起こし秘策を生みだす55章。

新潮文庫最新刊

柳井正著
成功は一日で捨て去れ
大企業病阻止、新商品開発、海外展開。常に挑戦者として世界一を目指す組織はいかに作られたのか？　経営トップが明かす格闘の記録。

佐藤優著
功利主義者の読書術
聖書、資本論、タレント本。意外な一冊にこそ、過酷な現実と戦える真の叡智が隠されている。当代一の論客による、攻撃的読書指南。

よしもとばなな著
だれもの人生の中でとても大切な1年
—yoshimotobanana.com 2011—
今このときがある幸せの大きさよ。日々の思いを読者とつないだ10年間に感謝をこめて。大人気日記シリーズは、感動の最終回へ！

嵐山光三郎著
文人悪妻
夫は妻のオモチャである！　漱石、鷗外の妻から武田百合子まで、明治・大正・昭和の文壇を彩る53人の人妻の正体を描く評伝集。

斎藤明美著
高峰秀子の捨てられない荷物
高峰秀子を敬愛して「かあちゃん」と慕い、ついには養女となった著者が、本人への綿密な取材をもとに描く、唯一無二の感動的評伝。

「銀座百点」編集部編
私の銀座
日本第一号のタウン誌「銀座百点」に、創刊当時より掲載されたエッセイを厳選。著名人60名が綴る、あの日、あの時の銀座。

成功《せいこう》は一日《いちにち》で捨《す》て去《さ》れ

新潮文庫　や－55－2

平成二十四年四月一日発行

著者　柳《やな》井《い》正《ただし》

発行者　佐藤隆信

発行所　株式会社新潮社

郵便番号　一六二―八七一一
東京都新宿区矢来町七一
電話　編集部(〇三)三二六六―五四四〇
読者係(〇三)三二六六―五一一一
http://www.shinchosha.co.jp

価格はカバーに表示してあります。

乱丁・落丁本は、ご面倒ですが小社読者係宛ご送付ください。送料小社負担にてお取替えいたします。

印刷・大日本印刷株式会社　製本・株式会社大進堂

ISBN978-4-10-128452-1 C0195